北京第二外国语学院
研究生思政论坛

计金标 张 严 主 编
庄 阳 杨敬枫 黄 勇 王雪飞 尹 纯 副主编

北京·旅游教育出版社

责任编辑：刘彦会

图书在版编目（CIP）数据

北京第二外国语学院研究生思政论坛 / 计金标，张严主编. -- 北京：旅游教育出版社，2020.1
　ISBN 978-7-5637-4042-0

Ⅰ．①北… Ⅱ．①计… ②张… Ⅲ．①研究生－思想政治教育－中国－文集 Ⅳ．①G643.1-53

中国版本图书馆CIP数据核字(2019)第285850号

北京第二外国语学院研究生思政论坛

计金标　张　严　主编

庄　阳　杨敬枫　黄　勇　王雪飞　尹　纯　副主编

出版单位	旅游教育出版社
地　　址	北京市朝阳区定福庄南里1号
邮　　编	100024
发行电话	（010）65778403　65728372　65767462（传真）
本社网址	www.tepcb.com
E - mail	tepfx@163.com
排版单位	北京旅教文化传播有限公司
印刷单位	北京玺诚印务有限公司
经销单位	新华书店
开　　本	710毫米×1000毫米　1/16
印　　张	9.25
字　　数	113千字
版　　次	2020年1月第1版
印　　次	2020年1月第1次印刷
定　　价	69.00元

（图书如有装订差错请与发行部联系）

序 言

抚今追昔　任重道远　改革创新　聚焦百年

北京第二外国语学院研究生教育始于20世纪80年代改革开放之初。二外是1978年恢复研究生招生和1981年实施学位制度以来，最早开展研究生教育的外语类院校之一，从诞生、发展到壮大，二外与中国研究生教育同行。在这一过程中，二外研究生思政工作也在不断发展前行。

二外研究生招生始于1984年，当年招生4名，1985至1988年共招收研究生10名。期间，根据培养工作的要求，实行导师负责制，要求导师全面关心研究生的思想品德和作风，由导师负责研究生的思政工作，研究生思政工作第一次有了队伍。1986年，学校成立研究生科，由教务处代管，负责研究生的日常行政管理及思想教育工作，研究生思政工作第一次有了依托部门。1990年，学校制定《北京第二外国语学院教务处研究生科工作职责》，进一步完善了研究生管理的各项制度，研究生思政工作第一次有了制度规范。

20世纪90年代，随着学校研究生教育的迅速发展，研究生招生人数较之80年代翻了十倍，学校对此高度重视，于1998年5月成立研究生部，2003年9月更名为研究生处，调整理顺了学校的研究生管理体制和教育机构体系。这一过程中，研究生思政工作得到扩展。

随着新世纪学校研究生思政工作的不断发展，2012年4月，北京第二外国语学院党委研究生工作部成立，负责研究生党建和思想政治教育，管理和指导研究生开展学术、文化、实践等活动，学校研究生思政工作也进入系统发展的时期。党委研究生工作部积极落实教思政〔2010〕11号文件，开展了一系列有特色的思政工作，在制度体系、队伍建设、抓手培养、渠道开拓、保障措施等方面也均有进一步的深化。

2015年学校机构调整，党委研究生工作部与党委学生工作部合署。依托本科生思政工作的队伍、资源、平台的深厚积淀，二外研究生思政工作的规范化、标准化、科学化水平不断提高，通过深化引导、全面促进，使二外研究生将理论框架学习与能力结构训练结合起来，将参与社会实践与开展科学研究结合起来，将树立远大志向与选择正确成长路径结合起来，进一步推进思政工作取得实效，一改研究生思政教育作为"大学生思想政治教育中相对薄弱环节"的刻板印象。

2018年12月机构改革后，在进一步强调群体融合的基础上，研究生的教育管理职能进一步得到梳理，研究生思政工作全面融入学校的事业发展进程中，成为全校思政工作不可分割的一部分，标志着研究生思政工作迈向新的阶段。

站在新起点上，研究生思政工作机遇和挑战并存。当前二外研究生的思想政治状况呈现出积极、健康、向上的态势，但在少数研究生身上仍不同程度地存在着理想信念模糊、集体观念淡薄、学术道德失范、知行不够统一等问题。面对新形势，如何把握新时代研究生思想特点，在以习近平新时代中国特色社会主义思想为指导，全面贯彻落实全国教育大会、高校思政会、思政课教师座谈会精神的过程中，始终坚持立德树人根本任务，紧紧围绕学校中心工作，不断提升研究生思想政治工作的针对性和亲和力，扎实推动研究生思政工作取得一系列新进展新成效，写好研究生工作的"奋进之笔"，需要不断思考和探索。

习近平总书记指出，做好高校思想政治工作，要因事而化、因时而进、因势而新。要遵循思想政治工作规律，遵循教书育人规律，遵循学生成长规律，不断提高工作能力和水平。这对研究生思政工作具有很强的现实指导意义。学校党委不断加强和创新研究生思想政治工作，坚持以习近平新时代中国特色社会主义思想铸魂育人，突出政治属性，坚守为党育人、为国育才的初心和使命，发挥思想政治工作生命线作用，增强研究生思政工作实效，在落实"三全育人"过程中，深化鲜明导向、抓住关键环节，构建充满活力、富有效率、更加开放、有利于高质量发展的研究生思政工作体制机制，努力推动思想政治工作贯通人才培养体系，积极落实第八次党代会提出的"深化思想政治工作改革创新，全面构建'大思政'工作格局"的目标任务，在接地气上下功夫，扎根研究生的实际开展思政工作，切实提高工作质量，坚持以研究生为中心的价值追求，持续扩大优质资源供给，切实增强研究生的获得感；在悦纳性上下功夫，把要讲的道理用研究生喜闻乐见的语言、易于接受的方式讲出来、做到位，把工作做新做活做实，提高研究生的满意度和接受度；在解难题上下功夫，以精准服务为导向，深入摸排当前研究生的思想状况，有针对性地开展思想引领，坚持"一把钥匙开一把锁"，让思想政治工作做在日常、做到个人、做准痛点，推进研究生思政工作改革创新落地见效。

高校思想政治工作关系高校培养什么样的人、如何培养人以及为谁培养人这个根本问题。作为我国高等教育体系顶部的研究生教育，肩负着为社会主义事业培养大批高层次、创新型人才的重任。因此，探讨高校研究生思想政治教育工作，关乎党的事业发展，关乎"两个一百年"奋斗目标的实现，关乎国家富强民族复兴，也关乎迈向"百年二外"的建设愿景。二外人在这个领域的探索从未间断过，特别是一直以来，我校学生思想政治工作队伍兢兢业业、甘于奉献、奋发有为，为学校事业发展做出了重要贡献，其中不乏在研究生思政工作领域探索出新思路、新方法、新渠道的同志，有的产生的推动效果、带动作用、影响力度还具有一定典型意义和可推广性。有鉴于此，特尝试征集研究生思政工作经验、思考、尝试、实践方面形成的文稿，整理出版，以资切磋。

  各位作者参与此次征稿,既是自身工作凝练的过程,也是相互分享启发的过程,更是深刻理解和把握坚持社会主义办学方向的政治原则,探索激发研究生思政教育生机活力,自觉担负起发展首都高等教育事业神圣职责的过程。在该书发行之际,再次向作者们以及支持单位表示衷心的感谢!

北京第二外国语学院
2019 年 10 月 1 日

前　言

研精致思　究其善政

为了更好地探讨研究生思政教育的改革、创新与发展，推进我校研究生思政队伍的业务交流，提升研究生思政工作技能，同时总结我校研究生思想政治领域的经验和成果，为祖国和学校发展献礼，学校启动了《北京第二外国语学院研究生思政论坛》的征稿工作。

征稿面向我校全体教职员工及研究生，具体工作由北京第二外国语学院党委研究生工作部承接，要求稿件以"研究生思政"为主题，紧密联系研究生思政工作业务实际，围绕研究生思政热点分析、研究生思政理论探讨、研究生思政工作借鉴与对比、研究生思政工作体制机制研究、研究生思政课程发展、研究生思政队伍建设、研究生奖助工作探索、研究生学术创新与实践分析、研究生校园文化反思、研究生党团学建设、研究生德育工作研究、研究生心理健康教育等自主选题，确保立论正确、观点鲜明，结构严谨、论述清晰，文字简练、语言流畅，鼓励打破界限，将研究生思政工作不同领域的成熟经验互相结合，与思政工作相关的其他领域专业技术相互借鉴，探索研究生思政工作理念前沿、可以复制、务求实效的新思路、新模式、新方法。

本次征稿得到众多师生的积极响应，共有13个单位的24名师生提交了24篇稿件。经遴选，最终有12篇稿件入围。其中，既有站稳追梦人立场、用核心理论和专业技术开展党建工作的思考，又有扎根传统文化、用系统思维和网络技术培育"四有"新人的探索；既有基于社会资源、朋辈圈子、学生组织关爱研究生校园生活的反思，又有基于最新媒体、现实问题、典型群体促进研究生职业成长的尝试。

  工作因挖掘而富有深度，成果因分享而更有价值。回顾征稿工作，本着关注研究生群体、服务研究生群体，关注研究生思政、服务研究生思政的宗旨，征稿为不同领域的师生搭建起学术交流、资源共享、创意碰撞的舞台，把广大师生优秀的思想、经验、心得、体会集中起来，为提高研究生思政工作水平、促进研究生成长成才服务，为扎根研究生思政工作实际、全面落实立德树人根本任务，积累了二外经验。

编者

2019 年 11 月

目 录

第一篇 党建·逐梦

"中国梦"的理性认知
　　——从美国电影《阿甘正传》中的"美国梦"讲起 …………… 张　锋 / 3
基于"三全育人"理念的高校硕士研究生党建
　　工作路径探究 ……………………………………… 王韶婧　庄　阳 / 12
基于教练技术的高校研究生党建和思政工作研究 ……………… 宋宏杰 / 18

第二篇 思政·育人

传统乐教理念视域下的研究生思政教育 ………………………… 郑天仪 / 29
浅谈互联网教学平台在高校研究生思政教育中应用的可能性
　　——以北京第二外国语学院为例 ……………………… 多　珍　姜　炎 / 36
全员育人：高校研究生人才培养模式创新的有益探索
　　——以北京第二外国语学院经济学院为例 ………………… 刘睿基 / 45

第三篇　关爱·学生

高校研究生会招募新成员方案设计

　　——以北京第二外国语学院研究生会为例 …………… 庄　阳　徐满哲 / 53

高校资助育人新模式：探究"引导型"资助

　　体系的构建 ………………………………………………… 丁　一　庄　阳 / 76

论朋辈辅导在研究生心理危机干预中的应用 ………………………… 张　迪 / 81

第四篇　职业·就业

新媒体环境下研究生职业指导新工具推介 …………………………… 张丹丹 / 89

研究生就业压力与调试策略研究 ……………………………………… 屈　娜 / 94

试论职业指导在促进高校学生就业工作中的作用和重要性

　　——以北京高校女研究生为例 ……………………………………… 庄　阳 / 101

第一篇

党建·逐梦

"中国梦"的理性认知

——从美国电影《阿甘正传》中的"美国梦"讲起

张 锋

北京第二外国语学院英语学院

摘 要：以美国经典电影《阿甘正传》中的"美国梦"为主要切入点，回溯"美国梦"的发展历史，从美国文化历史层面对"美国梦"进行了深入的分析，从国际政治学层面对"美国梦"进行软实力解读，对照"中国梦"的历史与内涵，提出"中国梦"建设的重要意义和理性认知方法。

关键词：中国梦；美国梦；软实力；理性认知

说起"中国梦"，大家可能马上会联想起另一个同样构造的词"美国梦"，可能有很多人会认为"中国梦"一词源于"美国梦"。就词汇本身的起源而言，这并非事实。据考证，"中国梦"一词，最早出自宋朝诗人郑思肖（1241—1318）的《德祐二年岁旦》诗中，"一心中国梦，万古下泉诗"，大意为"我一心梦想要收复中原，统一祖国"。当然诗中的中国指的是"中原"。但就词的构成和当代意义而言，"中国梦"与"美国梦"有一定的共通之处。

一、美国电影的"美国梦"

理论探讨"美国梦"可能有一种陌生的违和感，但每个当代中国青年或多或少都能列举出几部经典的美国电影。其中类似反映"美国梦"的影片不胜枚举，如耳熟能详的《阿甘正传》《料理鼠王》《泰坦尼克号》《当幸福来敲门》《世贸中心》等影片。《阿甘正传》正是反映"美国梦"的经典励志电影的代表，是美国百部经典名片之一。

《阿甘正传》中导演由始至终为观众准备了诸多喻示"美国梦"的意象，每个意象都深深包含着"美国梦"的各种要素。影片片头，画面中随风飘动而来一羽白色羽毛，羽毛逆风向上飞扬，不懈地飞过房顶、树林、马路，最终落到了阿甘的脚边。阿甘将白色羽毛夹在了背景为蓝天白云的笔记本中，并将笔记本收藏在伴随影片始终的旅行箱中。天空中飘动的白色羽毛就是导演预设的意象，比喻的就是阿甘的"美国梦"。"生活就像一盒巧克力，你永远不知道会得到哪种。""Stupid is as stupid does."（傻人有傻福）。耳熟能详的经典台词暗示着不同的人生梦境。阿甘傻傻地坚持奔跑，用不停地奔跑改变了自己的人生。奔跑意味着什么呢？片中追随阿甘奔跑横越美国的粉丝给出了答案，在美国人眼中阿甘"拥有所有问题的答案"和"使人们看到了希望"。片尾是与片头场景呼应的再现，阿甘将自己的儿子送上了校车，象征梦想的白色羽毛再次逆风飞扬蓝天之上。

《阿甘正传》展现了历史与个人的约定，是以小人物的经历透视美国政治社会史的史诗片。影片中，小人物阿甘最终通过自身努力实现了"美国梦"，最终甚至影响了美国历史进程。

二、"美国梦"的内涵与历史发展

"美国梦"，或曰美国理想、美国神话，是美国文化研究中的一个热门课题，是理解美国文化的一个重要因素。"美国梦"可从广义和狭义两个方面来理解。从广义的方面来讲，"美国梦"指的是作为"民主、平等、自由"的国家理想。从狭义的方面来讲，它指的是个人通过自我奋斗而获得成功的梦想。对于广大民众来说，"美国梦"变得非常具体，具有上文《阿甘正传》中画面般的实感。它指的是和成功、幸福联系在一起的一切具体目标——享受高等教育和获得较高的社会地位，有幸福的家庭生活、健康的身体和一群可爱的孩子，拥有昂贵的汽车和豪华的住宅，等等。"美国梦"实际上是一种梦幻的理想。

纵观美国历史，"美国梦"最早可以追溯到300多年前。当时清教徒移民乘坐"五月花"号横穿大西洋来到美洲新大陆，希望寻找一块清教徒能居住的"净土"。随着北美殖民地反对英国统治者的独立战争的胜利，"美国梦"便开始悄然萌芽——美国给了全世界每一个人均等的机会，只要努力奋斗，都可以实现自己的梦想。1863年，美国总统林肯颁布的《解放宣言》，为"美国梦"的形成构建了精神和物质支撑。从欧洲来的移民中，涌现出了爱迪生、洛克菲勒、福特等不少出身贫寒、依靠个人奋斗成功的传奇人物，使得"美国梦"有了新的内涵。

1931年，亚当斯完成了著作《美国的史诗》，其主题是"让我们所有阶层的公民过上更好、更富裕和更幸福的生活的美国梦"，这是第一次明确提出"美国梦"。当时美国正处在世界经济危机及由其引发的大萧条的关键时刻，亚当斯提出的"美国梦"感染、激励了很多人。被称为20世纪美国最伟大的两个总统的罗斯福和里根也都被视为"美国梦"的代表。罗斯福赢得了"第二次世界大战"的胜利，带领美国度过了经济大萧条。出身贫寒的里根三次参加总统竞选并以69岁高龄当选，被认为是"美国梦"的完美体现。黑人牧师马丁·路德·金1963年的那次著名演讲《我有一个梦》，更是激起不少美国人对"美国梦"的认同和向往。

21世纪，随着信息化时代的到来，"美国梦"有了新的注脚。微软的比尔·盖茨、苹果的乔布斯、脸谱（Facebook）的创始人扎克伯格以及谷歌（Google）的创始人拉里·佩奇、谢尔盖·布林等，他们凭借自己的智慧，成了当今时代"美国梦"的新偶像。奥巴马在2006年出版了《无畏的希望：重申美国梦》一书，讲述了自己奋斗故事。2012年9月，其夫人米歇尔·奥巴马发表演说称赞丈夫实现了"美国梦"，并将帮助其他人实现梦想。2016年11月，特朗普以"让美国重新伟大"作为竞选宣言，再度点燃了美国人民心中的"美国梦"，并胜选入主美国白宫。从林肯、里根再到奥巴马、特朗普，这些美国总统都在通过"美国梦"向全世界宣扬美国的价值观。

三、"美国梦"的历史文化溯源

"美国梦"深深扎根于深厚的美国历史文化土壤之中。从跨文化角度来看，它最早缘起于美国殖民时期，历史根源可以从美国早期移民的信仰中找到。美利坚民族是开拓北美大陆的"上帝的选民"。1620年，一批主要由清教徒组成的移民队伍在清教改革家威廉·布雷福德的率领下，经荷兰乘坐"五月花"号帆船抵达北美，在美国东海岸靠岸登陆。起初"上帝的选民"经历了最严重的考验，经过不懈的努力，上帝似乎听到了清教徒们的声音，给他们指出了一条通向光明的道路。美国现在每年11月下旬举行的"感恩节"已成为一个传统节日，其起源可追溯到殖民地移民始祖们适应新环境后对上帝的感恩戴德。

美国是一座照亮世界的"山巅之城"。早期清教徒移民在北美大陆弘扬上帝的荣耀，以"山巅之城"为度过危难的精神力量，期待将北美大陆建成新的耶路撒冷，决心将之建设成为受世人敬仰和效仿的"理想王国"。"山巅之城"在美国形象和信念中"持久不衰"，通常被引用为美国非常独特的一个国家经历象征。

美国是寻求自由的"希望之乡"。美国被誉为"熔炉（melting pot）"，是个主要由移民组成的国家。美国著名历史学家奥斯卡·汉德林认为，"移民就是美国的历史"。定居美国的早期移民离开故国，漂洋过海，主要是不甘忍受旧大陆统治阶级的政治与宗教的迫害，清教徒来到北美是想寻求一块实现他们理想的"乐土"。当时移民离乡背井的主要原因是寻求个人自由与解放的理想，寻找生存之地和致富之路。

四、"中国梦"的内涵与历史发展

作为唯一仅存的四大文明古国之一，中国所具有的"中国梦"与"美国梦"一样，具有丰富的内涵和历史渊源。2012年11月29日，中共中央总书记习近平带领新一届中央领导集体参观中国国家博物馆"复兴之路"展览时提出了"中国梦"。他指出，"实现中华民族伟大复兴，就是中华民族近代以来最伟大的梦想。"习近平总书记在十二届全国人大一次会议上的讲话中系统阐发了"中国梦，人民的梦"这个思想，强调"实现全面建成小康社会、建成富强民主文明和谐的社会主义现代化国家的奋斗目标，实现中华民族伟大复兴的中国梦，就是要实现国家富强、民族振兴、人民幸福。""中国梦归根到底是人民的梦，必须紧紧依靠人民来实现，必须不断为人民造福。"

古往今来，中华民族一直没有停止过追寻梦想的脚步。老子的"无为梦"和孔子的"大同梦"是最早的"中国梦"的反映。自此中国开始建立以和平（人与自然和世界的关系）、和睦（人与人之间的关系）、和谐（个人身心内外的关系）为主要内容的中国梦境，"和"是"中国梦"的精髓。

鸦片战争一声炮响，古老中国的"天朝美梦"被无情击碎，中华民族陷入半殖民地半封建的"噩梦"。百年间涌现出无数仁人志士，怀揣"救亡图存"的"中国梦"，不懈探索奋斗，希望唤醒"噩梦"中的中华民族。1843年，魏源认识到"善师四夷者，能制四夷；不善师外夷者，外夷制之"；1861年，洋务派掀起"师夷长技"、自强、求富的改良运动；1898年，康有为、梁启超等维新派主张兴民权，倡西学，废科举，建学堂，发展近代工商业，实行君主立宪制；1905年，孙中山等成立同盟会，希图"创立民国，平均地权"，这些仁人志士寻求从国外获取"救亡图存"的新动力。

1921年，中国共产党成立，开始担负起民族新的历史使命，自此建立一个独立、富强、民主的新中国成为中国人民期待的、顺应历史的"中国梦"。1949年后，中国共产党完成新民主主义革命的阶段目标，领导中国人民开始追寻新的"中国梦"。1954年，党第一次提出了"四个现代化"的目标，1964年，周恩来提出了分两步走在20世纪末实现工业、农业、国防和科学技术现代化的目标。但这段时期中国并未完全融入国际社会，"中国梦"的内向性质十分突出。1978年后，邓小平提出了"三步走"的社会主义现代化发展战略，改革开放，发展社会主义市场经济，掀起了"图强求富"的"中国梦"。"中国梦"开始强调同国际社会的互利共赢。

五、"美国梦"的软实力解读

美国学者克莱因曾经提出过一个经典的国际政治学综合国力评估公式——克莱因方程,即 PP=(C+E+M)×(S+W);其中,C 代表人口和领土,E 代表经济实力,M 代表军事实力,S 代表战略意图,W 代表国家意志。"国家梦想"或者"国家理想"属于国家意志范畴,是国家意志和民族凝聚力的重要体现,是国际政治学中衡量综合国力的重要指标。"美国梦"是凝聚美利坚民族的重要因素,是美国国家意志的重要体现。从"美国梦"历史文化渊源的解读可以看出,现今美国对外鼓吹的"自由、民主和人权"与"美国梦"如出一辙。

美国哈佛大学教授小约瑟夫·奈曾在《政治学季刊》和《外交政策》杂志上发表《变化中的世界力量的本质》和《软实力》等一系列论文,提出了"软实力"(Soft Power)的概念,一个国家的综合国力包括由经济、科技、军事实力等表现出来的"硬实力",也包括以文化和意识形态吸引力体现出来的"软实力"。"软实力"作为国家综合国力的重要组成部分,特指一个国家依靠政治制度的吸引力、文化价值的感召力和国民形象的亲和力等释放出来的无形影响力。"软实力"概念的提出深刻地影响了人们对国际关系的看法。美国是当今世界最具软实力的国家,"美国梦"所反映的美国文化价值和意识形态对世界具有深刻的影响力。

六、"中国梦"的理性认知

通过"美国梦"的内涵和历史发展、历史文化溯源,从国际政治层面软实力解读来看,我们清醒地认识到"美国梦"之于美国国家综合实力构成的重要意义。同样对比"中国梦"的内涵与历史发展而言,"中国梦"之于中国的和平发展也具有深刻的含义。"中国梦"的提出是一个伟大的理论创新,是对中国几千年历史经验的总结和发展。它并非一时为了宣传需要而形成的概念冲动,而是一个"水到渠成"的认识积累过程。党的十七大和十八大为"中国梦"提出完成了前期铺垫和理论积累。党的十七大报告中明确指出要"提高国家文化软实力",十八大报告中明确提出要"扎实推进社会主义文化强国建设","开创中华文化国际影响力不断增强的局面"。这些表述是我们党越来越重视软实力建设的最好印证。党的十九大报告主题就写入了"为实现中华民族伟大复兴的中国梦不懈奋斗",内容中明确指出"文化自信是一个国家、一个民族发展中更基本、更深沉、更持久的力量。"

"中国梦"的提出和发展经历了一个历史的过程,那么"中国梦"的实现同样需要经历一个漫长的历史过程。对此,我们对"中国梦"的最终实现需要有一个理性认知的态度,需要思考"中国梦"与自己的关系以及自己为实现"中国梦"应尽的责任,需要理性认知个人理想与共同理想、当前理想与远大理想和梦想实现过程中的顺境与逆境的关系。

从理想的对象上划分,有个人理想和共同理想。"中国梦"之所以在根本上与"美国梦"有本质的区别,是因为"中国梦"从马克思主义哲学上理解本身就是个人理想和共同理想的完美统一。"中国梦,人民的梦"。用英语来表达就是"China Dream"与"Chinese Dream"的辩证统一。现今"中国梦"就将国家梦想与个人梦想连接到了一起。2013年5月4日,习近平总书记参加了"实现中国梦、青春勇担当"主题团日活动,同各界优秀青年代表座谈并发表重要讲话。他强调,青年最富有朝气、最富有梦想,青年兴则国家兴,青年强则国家强。2019年4月30日,习近平总书记《在纪念五四运动100周年大会上的讲话》中指出,青年是国家的未来,也是世界的未来。中国梦与世界梦息息相通,中华民族应该对人类社会做出更大贡献。新时代中国青年,要有家国情怀,也要有人类关怀,发扬中华文化崇尚的四海一家、天下为公精神,为实现中华民族伟大复兴而奋斗,为推动共建"一带一路"、推动构建人类命运共同体而努力。这就是青年个人梦想与国家梦想连接的最好表现。

从理想的时序上划分,有当前理想和远大理想。"千里之行,始于足下。"我们党清晰地规划了中华民族的伟大复兴之"中国梦"的道路。党的十九大报告明确要决胜全面建成小康社会,开启全面建设社会主义现代化国家新征程。报告指出,改革开放之后,我们党对我国社会主义现代化建设做出战略安排，提出"三步走"战略目标。解决人民温饱问题、人民生活总体上达到小康水平这两个目标已提前实现。报告同时指出，从十九大到二十大，是"两个一百年"奋斗目标的历史交汇期。综合分析国际国内形势和我国发展条件，从2020年21本世纪中叶可以分两个阶段来安排。第一个阶段从2020年到2035年，在全面建成小康社会的基础上，再奋斗十五年，基本实现社会主义现代化；第二个阶段，从2035年到21世纪中叶，在基本实现现代化的基础上，再奋斗十五年，把我国建成富强民主文明和谐美丽的社会主义现代化强国。

在"中国梦"实现的过程中难免有顺境与逆境，理性的国家心态是"中国梦"实现的重要保障。无论对个人还是对国家，如何以理性的国家心态正确对待"中国梦"实现过程中的顺境与逆境，这是一个不容回避的问题。正如美国今天的强大，不是因为曾经的"知难而退"。二十四节气之一的小满是最好的印证，夏熟作物籽粒开始灌浆饱满，但还未成熟，尚未大满。"中国梦"实现过程也难免有所坎坷，诸如美国对中国的贸易战等经济、军事等全方位的战略压制也是在所难免。古人云：胜不骄，败不馁。这是古人给我们留下的宝贵财富。

参考文献

[1] 胡锦涛.坚定不移沿着中国特色社会主义道路前进 为全面建成小康社会而奋斗——在中国共产党第十八次全国代表大会上的报告[R].北京：人民出版社，2012-11-08.

[2] 中国梦，人民的梦[N].人民日报，2013-03-18（1、4）.

[3] 人民日报九论中国梦[N].人民日报，2013-03-19.

[4] 中共中央党史研究室.中国共产党历史[M].北京：中共党史出版社，2002.

[5] 赵周贤、刘光明.梦在前方 路在脚下——沿着中国特色社会主义道路奋力实现"中国梦"[N].经济日报，2013-01-04（1）.

[6] 胡鞍钢.世纪"中国梦"伟大"三部曲"[N].人民日报海外版，2012-12-01（1）.

[7] 辛鸣执."中国梦"：内涵·路径·保障[N].人民日报，2013-01-04（8）.

[8] 沈壮海，佟斐.用"中国梦"凝聚强大精神能量[N].人民日报，2013-02-01（7）.

［9］冷溶.什么是中国梦，怎样理解中国梦［N］.人民日报，2013-04-26（8）.

［10］习近平.在同各界优秀青年代表座谈时的讲话［Z］.新华网，2013-05-04. http：//news.xinhuanet.com/politics/2013-05/04/c_115639203.html.

［11］刘明福.中国梦［M］.北京：中国友谊出版社，2013.

［12］王晓德.美国文化与外交［M］.天津：天津教育出版社，2008.

［13］李少军.国际政治学概论［M］.上海：上海人民出版社，2004.

［14］阎学通，阎梁.国际关系分析［M］.北京：北京大学出版社，2008.

［15］李希光.软实力与中国梦［M］.北京：法律出版社，2011.

［16］赵磊，幸尧."中国梦"与"美国梦"［J］.世界知识，2013（7）.

［17］吴建民，李君如.何谓"中国梦"［J］.政工研究动态，2008（16）.

［18］刘丽敏."美国梦"的积极意义——试析奥巴马自传〈无畏的希望：重申美国梦〉［J］.作家，2009（12）.

［19］王萍，王卫平."美国梦"释译［J］.武汉理工大学学报（社会科学版），2001（02）.

［20］［美］威廉·J.本内特.美国通史［M］.刘军，等，译.南昌：江西人民出版社，2009.

［21］习近平.决胜全面建成小康社会 夺取新时代中国特色社会主义伟大胜利——在中国共产党第十九次全国代表大会上的报告［R］.北京：人民出版社，2017-10-18.

［22］习近平.在纪念五四运动100周年大会上的讲话［Z］.新华网，2019-04-30. http：//www.xinhuanet.com/politics/leaders/2019-04/30/c_1124440193.htm.

基于"三全育人"理念的高校硕士研究生党建工作路径探究[①]

王韶婧[1] 庄 阳[2]

(北京第二外国语学院旅游科学学院[1] 党委组织人事部[2])

摘 要：硕士研究生党员在社会主义现代化建设中扮演着核心角色，因此加强新时期高校硕士研究生党建工作具有重要意义。本文基于"三全育人"理念，探讨高校硕士生党建工作路径：一是扩大党建工作教育与参与面，实现1+N>1+N 的效果；二是遵循党员发展成熟的渐进过程，遵循高等教育的培养规律；三是实现多维度的引导、多角度的考量、深层次的推动。

关键词：三全育人；硕士研究生；党建；路径探究

习近平总书记指出，"加强党对高校的领导，加强和改进高校党的建设，是办好中国特色社会主义大学的根本保证。"研究生是学历教育的最高层次，研究生党员是实现新时期社会主义现代化建设的重要人才储备，因此做好新时期高校硕士研究生党建工作具有重要意义。

研究生培养在层次上呈现多元化的趋势。根据教育部2017 年各级各类学历教育学生统计数据[1]，研究生群体在校生数为263.96 万人，其中硕士为227.76 万人，占比86.3%。此外，硕士研究生中党员占比较高，以北京第

---

① 本文系北京第二外国语学院2019 年党建思政（德育）专项研究项目一般课题"基于'三全育人'理念的高校硕士研究生党建工作路径与策略探究"的阶段性研究成果。

二外国语学院为例,硕士研究生中党员人数占总人数的32.9%,远高于本科生。考虑到硕士与博士在群体特征和行为取向上有明显差异,且硕士研究生比重居高,因此本文着重探讨基于"三全育人"理念的硕士研究生党建工作的路径。

一、"三全育人"理念与硕士研究生党建工作相融合的重要意义

(一)是高校党建工作与思想政治教育工作相互带动、相互促进的需要

高校思想政治教育工作是开展党建工作的重要前提,只有抓好思想政治教育工作,才有可能培养出一批政治素质过硬、理想信念坚定、奋发有为的学生党员;而党建工作又反哺于思想政治教育工作,通过优秀学生党员发挥先锋模范作用,团结和带领青年学子,宣传党的思想、路线、方针、政策,凝聚人心,从而搭建起思想政治教育工作者与学生之间的桥梁,为高校思想政治教育的高效开展创造有利条件,大大提高了思想政治教育的成效。

(二)是坚持围绕党的中心工作和高等教育根本任务的现实需要

高校研究生党建工作是切实加强党的全面领导、加强党的建设,服务国家复兴大局,增强国家核心竞争力的重要抓手。2017年,中共中央、国务院印发了《关于加强和改进新形势下高校思想政治工作的意见》,意见要求:"要加强高校基层党建工作,建立健全高校基层党组织,加强教师党支部、学生党支部特别是研究生党支部建设,充分发挥党支部战斗堡垒作用。"[2]传统党建工作模式与高校人才培养根本任务的关联度缺乏,导致形式工作较多、内涵建设不足。面对这一困境,结合党建工作的新时期、新特点,立足于新时代高等教育人才培养视角研究党建工作,实现硕士研究生党建工作与高等教育"立德树人"中心环节相融合,提高党建工作在人才培养中的贡献度,是我国高等教育事业发展的必然之路,也是全面提升高校硕士研究生党支部组织力的有效途径。

二、目前高校硕士研究生党建工作存在的问题

（一）硕士研究生党建工作的开展未与研究生群体特点相契合

硕士研究生群体具有构成复杂、思想多元、活动分散和个体服务意识薄弱等特点。研究生党员既有在本科阶段发展的"老"党员，也有在研究生阶段被组织接收的"新"党员；既有应届本科毕业生，又有具备工作经验，甚至成家生子的党员，年龄跨度集中在二十多岁至三十多岁之间。群体构成的复杂性导致了他们思考问题的方式、生活的状态、社交的对象都较为多元，更加理性、独立。研究生期间的培养方式决定了他们主要以小群体或者个体的形式，在导师的带领下开展学术研究，或是前往境外进行短期或长期的交流，活动较为松散分散。由于集体观念较为淡薄，且就业压力较本科阶段更大，价值取向更为务实，服务、奉献、合作等价值观较为缺失，个人主体意识强烈。高校人才评价体系中，硕士研究生的评奖评优多与科研能力挂钩，导师重视科研能力的培养与指导，忽略了德育思想的引导与教育。党员的考核评价体系较为主观，缺乏与有效约束指标的关联，党支部活力不足、凝聚力不高，不能在研究生群体中发挥应有的先锋模范作用。目前，在硕士研究生群体开展的党建工作与本科生的较为类似，主要采用灌输式的宣传教育模式，缺乏与硕士研究生群体特点的关联，因此很难将工作落细、落实、落地，做到深入人心。

（二）开展硕士研究生党建工作的队伍力量薄弱

随着2017年《学位与研究生教育发展"十三五"规划》的发布，研究生招生规模扩大，硕士研究生人数逐渐增多。面对越来越庞大的硕士研究生群体，开展硕士研究生党建工作的队伍力量却显得较为单薄，管理人员配套相对滞后。目前，高校硕士研究生党支部缺乏专职党务工作者进行管理和监督，支部书记主要由辅导员、其他专业教师或是研究生党员担任，后两者缺乏必要的党建业务经验与思想政治教育工作经验。多数高校研究生的培养年限为2至3年，在研究生党员担任支部委员的情况下，一是任用期和培训期短，二是自身时间和精力限制，无法全身心投入支部建设，疏于管理，久而久之组织生活僵

化，工作难以实现突破和创新，甚至在发展党员过程中存在不规范的现象。

三、"三全育人"理念与高校研究生党建工作的融合

（一）"全员育人"：扩大党建工作教育与参与面，实现 1+N ＞ 1+N 的效果

硕士研究生党支部的建设具有多元参与主体的特点。硕士研究生辅导员、硕士研究生导师、思政类专业课教师、本支部成员、朋辈党支部、教工党支部、上级党组织，这几类常见的参与主体在基层学生党建工作中扮演着不同的角色，相互依托，互为补充。

除此之外，社会联合培养单位、学生党员的家长也应被引入参与主体之中。例如，北京市一年一度开展的红色"1+1"示范活动将高校党支部与京津冀地区基层党组织结对共建，学生党员在基层中奉献青春芳华，在实干中勇做时代新人，不仅为共建对象带来实实在在的效益，反过来也深刻了解到基层党组织和党员在经济社会发展中发挥的战斗堡垒和先锋模范作用，增强了"四个意识"。2018 年，全国范围内开展了"党员进社区"活动，强调在职党员要"八小时内服务单位，八小时外奉献社会"，而家庭作为社会最基本的生活单位，父母子女之间互相的影响是深刻且持久的，因此开展"党员进家庭"的活动也具有可行性和必要性。家长同为中共党员的，应通过言传身教去感染、影响学生，把户牌变为"引航旗"和"责任状"；家长不是中共党员的，学生应通过释放出"在党言党、在党爱党、在党忧党、在党为党"的信号，宣传党的好声音。

（二）"全过程育人"：遵循党员发展成熟的渐进过程，遵循高等教育发展规律

"立德树人"是高校人才培养的核心位置，这与硕士研究生党建工作的目标和内涵是具有一致性的。认识规律、把握规律、运用规律是实现党建工作科学化发展的必经之路，因此推动高校硕士研究生党建工作科学化发展离不开对于高校党建规律、高等教育发展规律的认识和研究。

党员培养教育要分阶段进行规划，遵循党员发展成熟的渐进阶段，研一、研二、研三要有不同的重点、难点，依次递进。入党积极分子、发展对象、预备党员和正式党员的培养教育方案要有所区分，在理论和思想认识的统一上逐步递进。硕士研究生党支部要将工作细化到日、周、月、季度、年度，覆盖从入学到就业的各个阶段，全面提升硕士研究生党员的素质，为我国新时代社会主义现代化建设提供人才支持。

高校硕士研究生党建工作要发挥在高校人才培养中的规划和引领作用，在遵循高等教育发展规律的前提下，注重引领人才培养的发展方向，把思想价值引领贯穿教育教学全过程，形成教书育人、科研育人、管理育人、实践育人、文化育人、服务育人、组织育人等长效机制。

（三）"全方位育人"：实现多维度的引导、多角度的考量、深层次的推动

组织建制的构建：目前，绝大多数高校硕士研究生组织建设主要采用硕士以年级或班级为单位建立党支部的模式。新型硕士研究生党建工作应打破传统横向建制，创新党员培养教育维度，以硕士研究生学习生活的主要载体为单位开展工作，探索将支部建立在课题组、学习团体等阵地上。例如，河海大学土木与交通学院创新研究生党支部设置模式，建立"纵横交织"的矩阵式方法，在主体延续原有横向建制的基础上，将重大课题组进行纵向试点，以研究所、实验室、课题组为单位设置党支部，并且创新开展基地、社区党支部、理论社团党支部、海外临时党支部的建设，把党支部建立在每一个阵地上。[3]

常态化学习机制的构建：硕士研究生的培养在学位类别上划分为专业型硕士和学术型硕士，在学习方式上分为全日制和非全日制。由于培养方式不同，学生所学学科也不同，因此高校硕士研究生党建工作不能以一概全，应结合各大高校特点，形成多层次、多视角的常态化机制。高校硕士研究生党建工作要结合学生特点来开展，把握"碎片化"的传播潮流，着重打造移动端平台，加强高校硕士研究生党建文化的建设。党员教育的方案要成体系，开设理论学习、小班研讨、网络课程、线上测试、实践体验、社会服务等模块，构建完善

的自我学习机制。

交流沟通机制的构建：硕士研究生党建工作的交流沟通机制不再单单集中在"三会一课"上，要将其置于信息化和大数据时代的大背景下开展，将党建工作传统优势同信息技术高度融合，把松散分散的党员在新型社交平台上凝聚起来。还可以通过设立硕士研究生"党员之家"等活动场地，提供实体交流沟通的平台。此外，硕士研究生导师是培养的第一责任人，应承担起思想政治教育的首要责任，建立师生良性互动的沟通渠道，提高思想政治教育工作的权重，实现精准聚焦，精细化教育，精准化引导。

考核评价机制的构建：由于政治标准、思想素质的评判较为主观化，缺乏客观的量化标准，因此党员发展过程中或是硕士生在评奖评优中首要考量的是学术科研能力和综合素质，在此情况下，要明确思想素质的考察指标，将政治素养放在首位。其次，应重视开展硕士研究生基层党组织和党员先进个人等评选表彰活动，通过树立模范榜样，带动和引领其他党员。再者，评价信息的反馈要充分运用大数据和人工智能在内的信息技术，做到评价内容有调查、有数据，激励约束有针对、有效果。

参考文献

[1] 中华人民共和国教育部. 各级各类学历教育学生情况 [EB/OL]. http://www.moe.gov.cn/s78/A03/moe_560/jytjsj_2017/qg/201808/t20180808_344698.html，2019-08-08/2019-04-15.

[2] 中共中央，国务院. 关于加强和改进新形势下高校思想政治工作的意见 [N]. 人民日报，2017-02-28.

[3] 潘静，吴宝海. 高校工科研究生党支部设置模式改革及党建创新探索 [J]. 科教文汇，2019（3）：4-6.

基于教练技术的高校研究生党建和思政工作研究

宋宏杰

北京第二外国语学院旅游科学学院

摘　要：教练技术是一项通过改善被教练者心智模式来发挥其潜能和提升效率的管理技术。随着中国经济社会的发展，高校研究生党建和思政工作面临一些亟须解决的问题。本文从教练技术的内涵出发，结合研究生党建和思政工作面临的问题，将教练技术融入研究生党建和思政工作研究，具有一定的指导意义。

关键词：教练技术；高校研究生；党建和思政工作

教练一词源于体育界，国际教练联合会对"教练"一词的定义是，教练是教练对象的伙伴，通过发人深省和富有创造性的对话过程，最大限度地激发个人的天赋潜能和职业潜力。教练技术探寻的是改变的根本动因，即根植于人们内心的深层次信念，从操作层面观察和改善人们的心智模式，注重能力的认识与激发，在突破传统思维、发掘人的内在潜能方面具有很强的实际操作性和针对性，能帮助激发被教练者的天赋潜能，从而更加有效地达到目标。

研究生是掌握科学知识的高端人才，是我们党新鲜血液的重要来源，是党和国家建设的接班人。新时代的高素质研究生需要具备良好的思想品质，大力推进研究生的党建和思政教育工作迈上新台阶，不仅能使研究生具有良好的政治素养、道德修为和心理品格，对于提升研究生处理实际问题的能力、提升研究生党员的质量及提升研究生对党的认同等方面，更有着重要的实践意义。

教练技术发源于国外，20世纪末被引进中国。随着大量企业的不断应用，教练技术不断地被完善和发展，到目前已经发展成为一个行业，被广泛应用于企业或个人的管理和提升。通过深入剖析教练技术的内涵以及目前研究生党建和思政工作遇到的问题，教练技术在研究生党建和思政工作方面具有较大的契合度，而从多角度探讨教练技术在研究生党建和思政工作中的应用有着重要的指导意义。

一、教练技术概述

作为一种目标导向型的技术，教练技术的关键要素在于通过教练的引导激发出被教练者的潜能，使被教练者愿意不断建构自我，不断自我完善，从而实现预期目标。教练技术的人性假设是每个人都有自我超越、自我实现和全面发展自我的诉求，但人的理性约束力又是有限的，既具备进取心和责任感等积极因素，又具备惰性和依赖性等消极因素，因此需要教练者在全面了解被教练者内在需要的基础上，帮助被教练者认识自身状态，采取信任、指导、激励等合理引导措施，使被教练者朝着预期目标前进，改善行动，实现自身的价值。教练技术强调从个体出发，重视个体价值，把个体看作创造资源的主体，重视人的潜能的发挥，并坚持以心态的改变作为一切行为改变的出发点，认为心态的改变才是结果改变的依据。

（一）教练流程

整个教练的流程，包括关系建立、目标探索、资源探索、行动探索及结束教练关系五个步骤。在教练关系建立阶段，建立同盟关系至关重要，教练与被教练者是平行的，教练要让被教练者信任他，并创造有利的教练环境，例如保密、信任、无偏见的正面关怀等；在目标探索阶段，主要协助被教练者探索自己想要什么；在资源探索方面，主要协助被教练者探索自己拥有什么资源；在行动探索阶段，主要协助被教练者探索如何开展行动；最后是结束教练关系，回顾过程，总结价值，赞赏与赋能。

（二）五种教练工具

1. 逻辑层次

逻辑层次包括系统、身份、价值观、能力、行为、环境六个层次，其中前三个被称为高三层，后三个被称为低三层。高层次发生改变必然引起低层次发生相应的变化；反之，低层次发生改变则不一定对高层次产生影响。因此，运用逻辑层次时要遵循以下原则：分析问题要由低层到高层，解决问题要从高层到低层；从高层出发去解决满意的行为，从低层出发去解决不满意的行为。

2. 生命平衡轮

生命平衡轮是将一个圆平均分成若干等份（一般分成八等份），然后将自己生命中重要的内容（例如家庭、事业、健康等）写在图中，以帮助自己明确内心珍视的要素，并分析现状，找出差距，制订计划，采取行动。

3. "SMART"目标原则

S代表具体（Specific），M代表可度量（Measurable），A代表可实现（Attainable），R代表现实性（Realistic），T代表有时限（Time-bound），这五个是衡量目标是否切实可行、积极有效的标准。

4. "SWOT"分析法

SWOT分析法是确认个人或企业所面临的优势（Strength）与劣势（Weakness）、机会（Opportunity）与威胁（Threats），并据此最大限度地利用内部优势和外部机会，使内部劣势与外部威胁降到最低。

5. 体验式教练

包括"体验式学习"和"户外展能"。前者是强调"在做中学"，包含体验、分享、交流、整合、应用五环节。后者也叫"户外拓展"或者"拓展训练"，一方面使参训者重新认识自我、定位自我、实现自我超越；另一方面可以提高个体的忠诚度，凝聚集体的向心力。

（三）教练的六大行为准则

信任、倾听、聚焦、好奇、正向和零建议是教练的六大行为准则。信任指教练要相信被教练者能够发现优势、识别目标、开展计划、实施行动、实现目标。倾听包括倾听事实、倾听感受、倾听意图三个层次。聚焦是不花时间探讨问题根源，先聚焦评估可能方案。好奇的主要形式是开放式提问，促进被教练者成长和学习的探索，不带任何评价。正向是指放大正面理想、解构负面经历，关注"可能性"而不是"缺什么"，关注"未来"而不是分析"为什么"。零建议是指不直接向被教练者提建议，由其自己找答案。

二、高校研究生党建和思政工作面临的问题

培养担当民族复兴大任的时代新人，是党的十九大提出的一项重大战略任务。研究生群体是青年科技创新人才的主力军，更是时代新人的主体力量。研究生党建和思想政治工作是高校思想政治工作的重要组成部分，但由于当前内外部教育环境的复杂多变、研究生群体结构多元等原因，研究生党建和思想政治工作中还存在诸多亟待解决的现实问题。

（一）党性修养不足，存在理想信念偏差

由于高校研究生生活在和平年代，人民居安思危的意识较弱，加上社会中的各项娱乐活动和消遣项目层出不穷，各种流行因素让人目不暇接。党的意识形态无法树立起来，青年人只知道有党，而不知道党是什么，党能做什么，党的付出是什么，党的贡献是什么；党的意识形态无法被人民吸引，青年人不知道党员是什么，党员能做什么，入党代表着什么。入党教育形式死板，党宣力度不足，党课党建走形式，也是个别高校对于师生入党启蒙教育的短板和诟病。

1. 党性意识不够深入

研究生会、团委、班级中的优秀学生干部在研究生的求学期间没有递交入党申请书，某些学生干部经过多次动员入党意愿也不强。他们接受过良好的高等教育，具有较强的民主参与意识，他们关心国家的发展，愿意用所学知识服务社会，参与事务管理。群体思维相对单纯、自我意识较强、科研学习任务繁重、信仰选择多元化等原因，导致他们对党的路线方针政策关注较少，政治意

识比较薄弱。

2. 入党动机有功利性

近年来很多研究生认识到入党的重要性，然而这些提交入党申请的学生由于对党的性质认识不够，对共产主义信仰认识不到位，一味强调入党与未来工作的功利性。在入党积极分子培养过程中，有的党组织不够重视，要么培养时间不足，要么培养力度不够，有极少数甚至流于形式、走过场，影响发展党员的质量。个别研究生过多地从有利于个人发展进步角度考虑，缺乏自觉提高修养的愿望和动机，其心思过多地关注于物质利益方面，特别是部分研究生党员考虑评优、就业等问题较多。有的把入党当作提升个人地位的手段，对党的纲领、奋斗目标、宗旨等并不认可笃信，虽然组织上入了党，思想上却根本没有入党。

3. 共产主义信念薄弱

有些研究生是符合组织条件顺理成章入党，有些研究生是父母长期期待入党，有些是随大流入党，还有些只是出于虚荣心入党，这种受到外力驱动入党的研究生，往往缺乏对党明确的认识，把入党当作讨好周围关键人物，例如长辈、老师、朋友等的手段或者为了不辜负他人的期望，入党动机与研究生自身意愿难以形成正确衔接，需要有效纠正并加强教育引导。

（二）研究生的思想和价值观多元化

社会转型引发的教育环境变迁是高校研究生思维转变的社会原因。随着知识经济和市场经济的蓬勃发展，社会对高校的评价更倾向于科学研究和物质条件的地位，忽视了研究生思想政治素质的培养。同时，微时代带来的巨大信息量极易造成价值观的多元化。微时代所提供的信息是多样的、庞杂的，这些信息没有经过认真反思，大多都是主观感受，研究生们往往没有时间和精力来更加深入地吸收和理解这些信息的实质与内涵。社会转型期间各种思想和文化思潮纷至沓来，对研究生的思想产生了较大的影响与冲击。

（三）研究生趋于成熟，工作难度大

研究生阶段的教育对象是基于本科阶段以上的一群具有高知识水平的群

体，他们对于社会的发展变化有自己的认识和见解，为人处世已经形成了自己独有的特征。研究生们已经有了独立的人格，可以作为一个成熟的人独立学习生活。在世界观、人生观和价值观基本定型的情况下进行进一步教育的难度加大。另外，研究生在本科阶段已经进行了思想政治课程的学习，在研究生阶段重视专业学习的特点必然导致研究生们很难改变自己原有的价值观。

三、教练技术在高校研究生党建和思政工作中的应用

高校辅导员在学生管理上普遍采用说教的方式，这种单一又枯燥的方式既不利于学生的学习和健康成长，也不利于学校的管理。如果将教练技术引入高校辅导员工作中，辅导员的传统"说教式"角色就会变为"教练式"的角色，成为教练式辅导员。这种角色的转变不仅能增加教学过程老师与学生的互动性，还能使学生在不断反思的过程中更加清晰地认识自己，明确目标。

（一）教练技术助力教师角色的转变

教练和被教练者之间的关系是彼此信任和尊重的。教练会一直帮助和守护被教练者，自始至终站在被教练者的角度。教练会一直支持被教练者，一旦被教练者取得好成绩，教练就会引以为荣，对其给予鼓励。当被教练者遇到困难时，教练会帮助其抓住问题所在并进行处理。要创建和谐的关系，就要确定各自的身份，老师是学生最好的帮助者。受教练技术的指引，老师可通过吸取经验对自身的身份进行确认，建立和谐的师生关系，推动党建和思政工作的有效展开。

（二）教练技术助力共性教育向个性教育的转变

当前研究生党建和思政工作提倡"以人为本"，即尊重学生个体自己的思考和选择，信任并赋予其自我解决问题的能力。对研究生思想政治教育既不能越俎代庖，代替学生做决定，也不是知识灌输，"教"给学生各种能力，而是要通过教练式的倾听、引导、分享、示范、训练等手段激发学生的个体发展意识，促进学生内化探索、思考自己的发展相关问题，并采取积极主动的自我行动，而这恰恰与教练技术的核心原则与理念一拍即合，即激发学生自我学习的

动机和潜力，使其自己发现问题、解决问题。因此，要在研究生党建和思政工作中体现"以人为本"，"因材施教"的育人效果，便要将教学对象的视角定位从"群体教学"转向"单体引导"，以"滴灌式"的模式代替"洒水式"的模式，结合学生自身的个性发展需求和意愿、个体能力特征等，为学生制定个人发展目标。

（三）教练技术助力学生个体认识自我、明确目标

以往解决动机问题时，更多地关注过去的原因、现在的问题，教师容易陷入学生的实际问题中，无法帮助学生寻求解决方案。而教练技术则关注未来，通过"逻辑层次"的价值观和信念、身份、愿景上三层来解决能力和策略、行动、环境下三层的问题，避免在问题发生的层面去解决问题，将"什么对你最重要"、"你想成为什么样的人"和"你的理想状态是怎么样"等话题抛给学生，学生暂时摆脱现实负面问题，跳出原有的条框看自己，开拓了新思路、新视野。以往在设立目标过程中，经常是老师和父母给定目标，要求学生给予承诺并兑现，但实际操作过程中，学生很难自愿达到、坚持完成辅导员和父母给定的目标。教练技术运用 SMART 原则帮助学生设立目标，这个过程在教练技术中实际就是教练与被教练人设立合约的过程，整个过程需要老师引导学生设立自己的目标。引导目标的设立要符合正向的、生态平衡的、可控的和 SMART 原则，即：明确的、可度量的、可实现的、现实相关的、有时间限制的，这样设定的目标更具有可操作性和可监督性，有利于目标的实现和调整。

教练技术解决学生内动力的问题比常用的思想政治教育方式、心理咨询方式有着明显的优势，能够更好地建立老师与那些学习无动机学生的亲和关系，解决思路更加正向积极，解决过程更能聚焦目标，解决方案更加行之有效。党的十九大对高校建设与研究生教育提出了更高的要求，我们应不断加强和改进研究生党建和思政工作，引导广大研究生树立中国特色社会主义共同理想，贴近他们的学习和生活实际，切实增强理想信念教育的针对性和实效性，为培养有理想、有本领、有担当的青年一代做出贡献。

参考文献

[1] 徐莉.教练型领导特质、技能与权力基础探析[J].理论导刊,2008(11).

[2] 陈洪波,倪潇潇.运用教练技术开展深度辅导工作探究[J].北京教育(德育),2013(2).

[3] 李英.基于学生视角的高校辅导员职业能力现状调查研究[J].高校辅导员,2012(1).

[4] 玛丽莲·阿特金森.被赋能的高效对话[M].北京:华夏出版社,2015.

[5] 杨长征,王小丹.一生只做八件事[M].北京:北京大学出版社,2013.

第二篇

思政·育人

传统乐教理念视域下的研究生思政教育

郑天仪

北京第二外国语学院党委学生工作部

摘　要：传统乐教理念来源于我国古代乐教思想，是中华美学的重要组成部分，主张以文化人、以文育人，依托艺术的感性形式，实现人格教化的作用。高校的根本任务是"立德树人"，研究生思政育人工作是其中不容忽视的一个环节。相比于本科生阶段，研究生群体有其明显的特质，要求研究生的育人工作要对症下药。而传统乐教理念"潜移默化，润物无声"的特点恰好与研究生育人工作的要求相吻合，且能够在实践活动中取得良好的实效性。

关键词：乐教；传统乐教理念；美育；研究生思政

中华文明源远流长，而"乐"作为"六艺"中的一个重要元素，自古便在人的教化过程中发挥着重要作用，"乐教"作为一种完善人格的方式，也蕴含在中华传统美学、美育思想之中。"立德树人"是高等学校教育的根本任务，育人的对象是包含本科生、研究生在内的全体在校学生。而研究生群体不同于本科生群体，在学习目的、思辨能力、学生个体化程度方面有着明显特点，这要求研究生的思政育人方法要对症下药，切实结合其特质。在这个意义上，传统乐教理念为我们提供了一种新思路，能在潜移默化中提升研究生育人实效。

传统乐教理念脱胎自我国古代乐教思想，我国古代乐教思想是延续两千多年的中华美学精神中的重要部分。要将传统乐教理念灵活转化，古为今用，就要先对我国古代的乐教思想进行梳理和介绍。

音乐起源于社会实践劳动，它的使命和作用是抒发和表达人们的思想感情，反映和表现现实生活，所以，乐中有思与情，与社会政治、经济和文化存在着关联，尤其是与社会伦理道德密不可分。音起于心，而心之动则受感于外物，由此成声，不同声律而成乐。可以说，乐诞生的过程就是作者输出情感的过程，旨在通过作品与有同感者产生共鸣。欣赏音乐的过程既是欣赏者体验感悟作品内涵的过程，同时也是其自身的情感与音乐表达的情感相互融合、如临其境的过程。情感体验是听者主动或被动地经历的一个重要过程。优秀的乐者正是通过编纂震撼人心的乐音来影响人的道德感，进而促进其道德行为。据《乐记·乐化篇》记载，"致乐以治心，则易直子谅之心油然生矣，易直子谅之心生则乐，乐则安，安则久，久则天，天则神。天则不言而信，神则不怒而威。致乐以治心者也。指礼以治躬则庄敬，庄敬则严威。心中斯须不和不乐，而鄙诈之心入矣；外貌斯须不庄不敬，而易慢之心入之矣"。以乐治人心，则善、直、爱油然而生，心性安乐而顺天行为，畏道敬神。可见，音乐作为艺术的一种声音形式，有助于促成人性之善和行为之真，巧然实现"音乐化人"的美育作用。

"兴于诗，立于礼，成于乐"，乐教之学在中外思想史上皆扮演着重要角色。古希腊的柏拉图将乐教贯穿于城邦教育的始终，其曾在《理想国》中强调，"音乐教育的最后目的在于达到对美的爱"，而美爱即是人毕生所追求的真谛。与西方不同的是，中国乐教之学自产生之时便与政治紧密关联。孔子在他六门教学课业中，将乐放在第二位，他认为通过乐教的平心养性，诗礼增知长识，人的道德品质和精神境界才能渐趋完善，从而成为仁德之君，贤德之臣，有德之民，因此，礼乐不仅是治人之方，更是治国之略。"生民之道，乐为大焉"，广泛推行礼乐之学，便可民心归附，天下太平。荀子的思想则更进一步，"君子以钟鼓道志，以琴瑟乐心。动以干戚，饰以羽旄，从以箫管——故乐行而志清，礼修而行成，耳目聪明，血气和平，移风易俗，天下皆宁，美善相乐"。人们需要音乐，其可陶冶情操，导引志向，"乐合同"，"礼别异"，乐使上下和谐，礼使尊卑有序，礼乐并施，便可教化万民，安邦定国。相比孔子的乐教教化功能，荀子直接将礼乐作为治国理政的必备工具。乐教培养公民操持闲暇、修善养德，人人如此则国必安定有序，文明和乐，乐教的人格修养和政治意义正在于此。

自周公"制礼作乐"以来，礼乐的教化功用便从未停止。《礼记·经解》中记载，孔子曰："入其国，其教可知也。其为人也：温柔敦厚，《诗》教也；疏通知远，《书》教也；广博易良，《乐》教也；絜静精微，《易》教也；恭俭庄敬，《礼》教也；属辞比事，《春秋》教也。"这是"乐教"这一词最早被提出来。但是"乐教"这一行为或者说它的雏形，从原始社会时期开始就已存在。上古时期音乐发达，原始社会乐器的陆续出土就证明了这一点。到了夏商周时期，"乐教"开始真正形成。"大乐之野，夏后启于此舞九伐。"(《山海经·海外西经》)"启九辩与九歌兮，夏康娱以自纵。"(《楚辞·离骚》)都是这一时期"乐教"发展的表现。而西周时期的周公，是中国历史上倡导乐教的第一人，他的乐教思想是指道德伦理教育和乐舞艺术教育、行为规范教育与审美情感教育的统一体。春秋战国时期，乐教分为了两个方面，国学的教育和乐师、乐乙的教育。春秋时期的"礼崩乐坏"，使得音乐活动摆脱了礼乐制的束缚，音乐变成更为纯粹的艺术形式，社会音乐生活变得更加丰富和繁荣。春秋时期儒家代表人物孔子对于乐教十分重视，他认为"兴于诗，立于礼，成于乐"(《论语·泰伯》)。"乐"的完成，是人生教育的最后阶段。他主张，通过音乐的审美达到一定的人生境界，一种乐观愉悦的精神境界。孟子和荀子基本延续了孔子的乐教思想，孟子的乐教理论源于他的"性善论"，而荀子的乐教理论则立足于他的"性恶论"。即便如此，二者对于乐教的重视，以及在将道德的完善和乐教的实施结合起来这一主张上，依然是相契合的。孟子认为乐教具有以情感人的美育作用，荀子强调了礼乐对人的性情的规范塑造和陶冶净化。他对乐教与个体人格修养的关系做了更突出的强调和阐释，主张通过乐教来"化性起伪""积善成德"。到了汉唐时期，乐教进入兴盛发展时代，尤其是西汉时期董仲舒提出"罢黜百家，独尊儒术"，使得儒家的乐教思想得到广泛传播。成书于西汉的《乐记》认为，"感人深，移风易俗易""唯乐不可以为伪""逆风成象而淫乐只焉""世乱则礼慝而乐淫"，强调了音乐的感染力会对人心产生深刻的影响。嵇康在他的《声无哀乐论》中阐释了自己的乐教思想，即"移风易俗，莫善于乐"。同为"竹林七贤"的阮籍则在他的《乐论》中提出了很多倡导乐教的现实依据，"楚越之风好勇，故其俗轻死；郑卫之风好淫，故其俗轻荡。轻死，故有蹈火赴水之歌；轻荡，故有桑间濮上之曲"。诗人白居易也曾在诗文中阐释了他的乐教思想，"音声之道与政通矣""情和则声和，情失则声失"。在他的乐教思想中，把道德情感教育也放在了重要的位置上。唐宋时期，音乐文化发展的重心由宫廷活动转向民间世俗的音乐生活，音乐的审美功能得到了重视，人们开始注重音乐主体的审美情趣和情感体验。而到了明清时期，传统的儒家乐教已渐渐被排除在官学教育之外，音乐教育重技艺，注重社会性和世俗性，礼乐教化的理念逐渐衰退。

纵观以上提到的中国古代乐教思想，可以看到其思想内涵是一脉相承的。其中最重要的一点是，认为乐教可以教化人心、陶冶性情。儒家"乐教"思想的核心，就是用"雅乐""正声"来教化人心，孔子提出的"放郑声"、荀子提出的"禁淫声""先王贵礼乐而贱邪音"都是这一核心思想的体现。儒家乐教思想认为，最理想的"乐"是尽善尽美的，应该体现宇宙、自然、社会、人生的有节有序、和谐统一。而以上我们提到的"乐"，都不仅仅局限于音乐这个概念，从中国古代时起，"乐"这一概念就包含了诗、音乐、歌舞甚至戏剧等形式。那么中国古代的教育，就是要通过这些蕴含审美意味的艺术形式，帮助人们去更深刻地理解和认识这个世界，达到个人与社会、个人与世界之间的和谐统一。

可以说，中国古代乐教思想放在今天也是不过时的，因为它面向的是人的修为、社会的和谐。习近平总书记在2014年的文艺工作座谈会上指出："传承中国文化，绝不是简单复古，也不是盲目排外，而是古为今用、洋为中用、辩证取舍、推陈出新，摒弃消极因素，继承积极思想，'以古人之规矩，开自己之生面'，实现中华文化的创造性转化和创新性发展。"

因此，我们可以从中国古代乐教思想中，辩证地将传统乐教理念的核心主旨提取出来。即，通过诗歌、音乐、舞蹈、戏剧等艺术形式熏陶人格，以实现仁德之君、贤德之臣、有德之民的教化目的。"好的文艺作品就应该像蓝天上的阳光、春季里的清风一样，能够启迪思想、温润心灵、陶冶人生，能够扫除颓废萎靡之风。"如同传统乐教理念在人格培育方面的重要意义一样，文艺作品在培育和弘扬社会主义核心价值观方面有着独特作用。

高等学校作为培育和弘扬社会主义核心价值观的重要阵地，"立德树人"不仅是面向本科生，也是面向广大的研究生群体的。相比本科生，研究生群体往往有着学习目的明确、思辨能力强、学生个体化程度高等特点，这要求研究生的思想政治教育必须针对其特质来开展。在这方面，传统乐教理念有着独特的优势。

传统乐教理念讲究潜移默化、润物无声。研究生阶段课程专业化程度高，通识课程比例降低，学生在课余时间进行知识拓展的时候，往往也集中于所研究的领域，目标明确。相比本科生阶段，研究生的学习目的性大大增强。这也对研究生思政教育提出了挑战，在不引起学生抵触的前提下，如何让非思想政治相关专业的研究生也接受人格教育呢？我们也许可以从传统乐教理念中获得灵感，以文化人，以文育人，潜移默化，润物无声，而非以增设专门课程的形式进行思想政治教育。

传统乐教理念依托感性的艺术形式实现育人目的，而不是理性概念的直接传达。理性概念的直接传递往往容易引起学生难以接受，尤其是对于研究生群体，其世界观、人生观、价值观在本科阶段已经基本成型，使其耐心接受原有观念的重复教育有难度，改造其部分原有不正确观念难上加难。而乐教理念通过文艺作品的形式，吸引学生，引导学生，让学生在其喜闻乐见的文艺作品欣赏中受到心灵的启迪和教育。

传统乐教理念重在培养艺术欣赏理念和习惯，不过分依赖传统课堂的团体讲授方式。研究生阶段的生源来源差别大，有的人是应届毕业生考上来的，有的是往届生，也有的是工作几年后再考的。因为学缘背景具有差异性，所以研究生阶段的"同班同学"之间在年龄、专业背景、研究方向等方面都具有较为明显的差异。因此，研究生群体"班级观念"比较单薄，相比本科生，难以组织集体的学习活动。针对这一点，传统乐教理念通过艺术欣赏理念和习惯的培养，让学生养成对优秀文艺作品的兴趣，进而产生接触优秀文艺作品的积极性，使其即便脱离传统集体授课、集体学习的方式，仍可以自觉地接受思想的熏陶。

那么，我们又该如何将传统乐教理念落实到具体的实践活动中呢？北京市某高校在这一方面开展的一些学生活动取得了切实成效，或许可以给我们一定的启发和借鉴。该高校每年定期举办传统文化节系列活动，其中包含名师讲堂、读书沙龙、书画大赛、征文大赛、诗词大赛、非遗体验、传统文艺展演等涵盖面广、侧重性强、线上线下全覆盖的子活动。例如"兰亭杯"书画大赛，其活动形式不限于书画作品线下征集、评比、展览等，还设计了汉字创意作品线上征集展示、中外学生书法互动体验沙龙、书法文化讲座等延伸环节。再比如"心手相传"非物质文化遗产学习体验活动，学校邀请非遗传承人走进校园，老艺人带领学生学习京剧脸谱、鼻烟壶、面人的制作工艺；选派优秀学生组建国学宣讲团，走进中小学及社区开展国学宣讲。此外，针对研究生群体"集体"意识淡薄，同一院系甚至同一专业同学之间交往也相对较少的特点，该高校创新活动形式，为有相同志趣的学生搭建以文会友的交流平台。例如，举办"书香有约"读书沙龙活动，在以青年教师、高年级研究生为主力的"阅读导师"的带领下，为每期学员定制阅读任务，定期在微信群、朋友圈中交流读书笔记、打卡记录；以"打卡全勤奖""最佳书评奖"等奖项为激励，举办线下阅读分享会，进行活动总结与表彰。这些活动都充分体现了"乐教"传统的深刻内涵，即通过这些融合了蕴含审美意味的艺术形式的系列活动，达到对学生进行思想引领的目的。同时将优秀的中国传统文化在学生的大脑中进行强化，以唤起民族自豪感和自信心，并达成中国优秀传统文化的传承、创新和发展。

习近平总书记指出："追求真善美是文艺的永恒价值。艺术的最高境界就是让人动心，让人们的灵魂经受洗礼，让人们发现自然的美、生活的美、心灵的美。"传统乐教理念通过艺术的感性形式，感化人心，实现高校"立德树人"

的根本目标，并且为如何破解研究生思政教育这道题，提供了源自中华传统美学精神的博大智慧，为今后高校研究生育人工作打开了新思路。

参考文献

［1］柏拉图.理想国［M］.张竹明，译.北京：商务印书馆，1986.

［2］梁启雄.荀子·乐论［M］.北京：中华书局，1983.

［3］司马迁.史记［M］.韩兆琦，校注，长沙：岳麓书社，2004.

［4］王文锦.礼记译解［M］.北京：中华书局，2016.

［5］杨旭伟.融媒体时代高校传统文化类学生活动探微——以北京第二外国语学院传统文化节为例［M］.学理论，2019（4）.

［6］习近平在文艺工作座谈会上的讲话［EB/OL］.人民网，2014-10-15，http：//culture.people.com.cn/n/2014/1015/c22219-25842812.html.

浅谈互联网教学平台在高校研究生思政教育中应用的可能性

——以北京第二外国语学院为例

多 珍[1] 姜 炎[2]

（北京第二外国语学院网络与信息中心[1] 研究生院[2]）

摘 要：思想政治课是学习马克思主义理论的重要途径。中共中央、国务院发出的《关于进一步加强和改进大学生思想政治教育的意见》中强调，努力拓展新形势下大学生思想政治教育的有效途径，要主动占领网络思想政治教育新阵地，要全面加强校园网的建设，使网络成为弘扬主旋律、开展思想政治教育的重要手段。强调要利用校园网为大学生学习、生活提供服务，对大学生进行教育和引导，形成线下线上思想政治教育的合力。尤其是针对研究生群体的结构复杂化和价值观多元化、引导难度大等特点，研究生的思政教育工作越发应克服困难，不断加强。在此背景下，结合我校本科生网络思政教育工作的开展情况进行分析，以期可以对今后研究生思政教育工作提供一定的启发和借鉴。

关键词：思想政治课，互联网教学平台，研究生，教育，高校，思政工作

在现代高等教育体系中，思想政治课是高校学生学习马克思主义理论的重要途径。中共中央、国务院发出的《关于进一步加强和改进大学生思想政治教

育的意见》中，提出了要努力拓展新形势下大学生思想政治教育的有效途径，要主动占领网络思想政治教育新阵地，要全面加强校园网的建设，使网络成为弘扬主旋律、开展思想政治教育的重要手段。这是从国家政策层面指导高校要利用校园网为高校育人提供服务。针对研究生群体，面对结构相对复杂和价值观多元化、引导难度大等问题，对应的面向研究生的思政教育工作就显得愈为重要。在此背景下，笔者对我校本科生网络思政教育工作进行分析，并结合研究生层面需要的相关要素，希望可以在今后我校的研究生思政教育工作中，起到引导和启发的作用。

一、北京第二外国语学院在校研究生情况分析[①]

（一）培养规模的日益扩大、研究生人数的逐渐增多，导致管理难度加大

全国高校研究生总数从2010年的53.8万人增加到2018年的85.8万人，培养规模扩大的速度很快。我校研究生毕业人数从2010年的289人增加至2018年的519人，增长80%。现如今，研究生在校1341人，而我校思政课教师仅有6人，师生比接近1∶224。因此如何能快速高效地提升研究生思政教育的覆盖面和质量，成为我校研究生思政教育中亟待解决的问题。

（二）学习生活不集中，灵活性较大

研究生的生源结构复杂，培养模式除部分在校的全日制研究生以外，还有非全日制研究生。不同于本科生的培养模式，研究生的教育更为开放、自由和多元化。研究生的生活时间及活动场所较为分散，再加上课程设置较少，可自主安排的时间较多，个人活动多，生活集中度低导致研究生思政教育工作的开展存在较大的困难。

（三）价值观多元化，独立自主意识强

研究生年龄跨度较大，入学年龄分布从22岁至41岁。其中社会阅历差异性大，思想成熟度和个人信仰不同，传统的思政教育工作采取的线下授课、课

---

① 数据截止至2019年4月。

下师生交流等方式，对于价值观多元化的研究生来说指向性过于单一，覆盖面小，无法有效调动研究生的潜能和积极性。

（四）网络普及率高，舆情监控难度大

在校研究生的个人电脑及个人电话（手机）普及率高。经过小范围统计，每名同学均有1至2部手机，以及1台个人电脑，互联网的使用比10年前更为自由。目前的在校线下思政课从很多层面上无法满足研究生获取政治经济理论知识的基本需求。学生通常会从新闻APP、互联网门户网站推送等途径来获得相应的资讯。但互联网时代的信息纷繁复杂良莠不齐，对于那些社会阅历较少，思想成熟度不高的学生，并没有多少辨识能力，很可能会出现不冷静盲从的现象，价值观如果出现混乱、迷茫，会对我们的思政教育工作开展带来更大的难度。

上述现状体现了目前研究生思政工作的复杂性和多样性。这对新时期高校思政工作的开展提出了新的要求。这既是极大的挑战，也是新的契机。利用互联网教学平台进行在线思政课授课，就成了一个很有研究价值的新的渠道。

通过筛选有用有效信息，有针对性地开展思政教育工作，在这一点上，我校本科生的思政教育已经开始利用互联网教学平台加以配合，并取得了一定的成效。下面对本科生教学实践中的情况进行梳理和总结，以期可以进一步启发和改善研究生思政教育工作的现状。

二、北京第二外国语学院本科生思想政治理论课互联网教学情况

（一）教学内容的电子化

互联网教学平台最基本的应用就是把教学资源整合在一起，教师教学中所使用的资源教案都会上传至平台上，使得学生可以随时随地进行学习，不必受到地域时间的限制，可以根据自己的需求对教学大纲、教学内容、案例等各种文献资料和视频资料进行下载观看，还可以进行课后作业的延伸阅读，在推荐书目中选择和自己专业相关的书籍进行有针对性的阅读。

图1　北京第二外国语学院本科生思政教学平台

（二）教学互动，小组讨论

教学的互动是网络思政课堂取得成效的关键所在，互动做得好，网络思政的课堂教学工作才能做得好。教师可以根据不同的专业，将研究生分成不同的小组，把理论知识上的重点难点和学生所学专业或者关注的时事热点结合起来，让学生通过课下延伸阅读、资料下载、小组讨论、教师点评等环节，最大范围地参与到讨论学习过程当中。相对于传统的线下授课的方式，线上讨论可以激发学生的自主学习意识，加深对课堂知识点的理解和吸收，使原来的单向化学习方式变得更加多元化，更具有互动性。

这种模式想要发挥更大的成效,也需要教师加强自身的学术研究能力,尤其是在小组讨论的专题内容设计上,针对不同学生的专业背景和学习研究方向,要设计不同的专题内容,这就要求教师不但要具有正确的政治方向,还要拥有多元的知识结构,密切跟踪最新的学术动态,增加课堂教学的深度。小组讨论也可以后台设置分数,必要的时候可以强制性要求或者与成绩挂钩,来有效地调动学生参与的主动性和积极性。

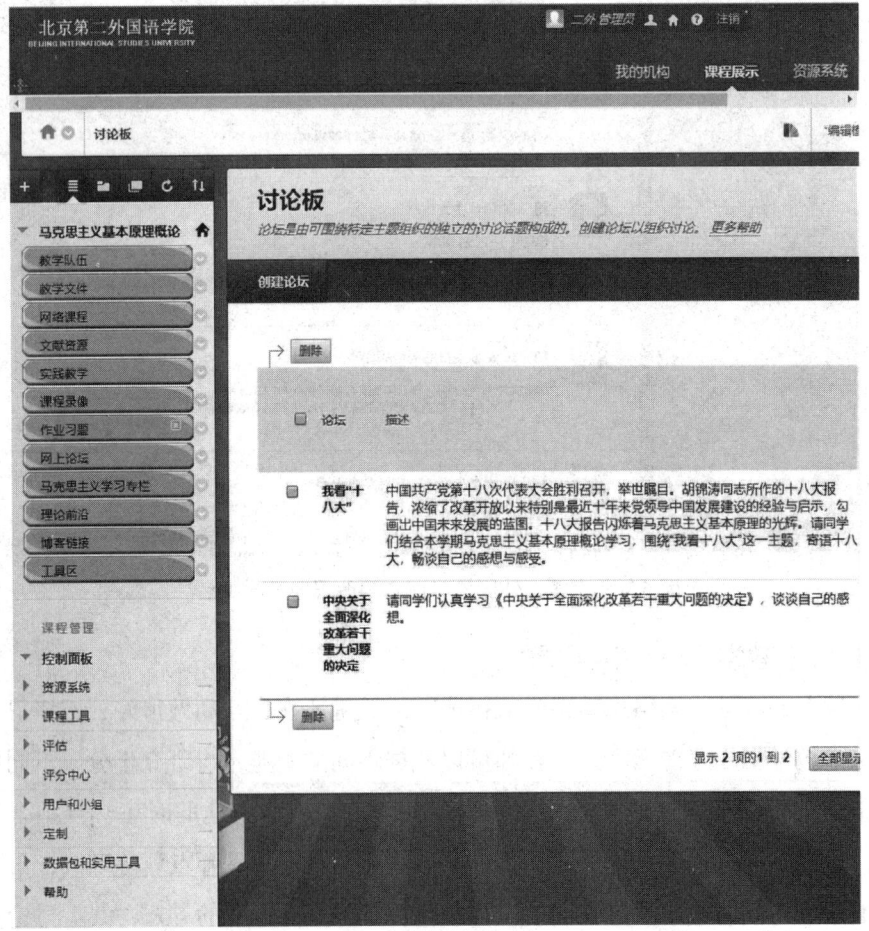

图2 教师可以用于布置教学活动、任务的讨论版块

（三）章节作业测试

思想政治课是《教育部关于印发〈新时代高校思想政治理论课教学工作基本要求〉的通知》（教社科〔2018〕2号文）所要求的必修课程。全体研究生均需要进行选修学习，导致上课人数较多，目前普遍采用大班授课的方式，因此章节作业测试较难在课堂时间内进行。利用互联网教学平台，可以针对每章节内容准备测试试卷，一方面可以检测学生的课上学习效果，另一方面也可以作为平时分数计入考核。

图3　在线课堂作业测试页面1

测试试卷可以包括主观题和客观题，主观题可以后台设置完整的正确答案，也可以设置关键字，教师也可以针对主观题进行评分修改。客观题会直接按照设置好的答案来进行评分。

图 4　在线课堂作业测试页面 2

（四）期末考试

针对考试人数众多、客观题为主的思政考试特点，利用无纸化测评系统可以为考生提供灵活、方便、科学、公平的测评服务，也减少了传统考试的烦琐环节。

我校购入的考试平台可以同时容纳400人进行在线考试。系统采用硬件、数据库、数据流、网络数据加密等多种加密手段，避免在测评实施过程中，非授权人员破解题库和相关数据，从而保证了整个考试的保密性和公平性。

试卷根据后台题库可随机生成，试题项目可随机调整顺序，保证了同科目考核相邻考试机试题不同，有效防止作弊发生。

考试结束后还可以通过成绩管理系统，对成绩进行浏览、分类、查询、统计等操作。

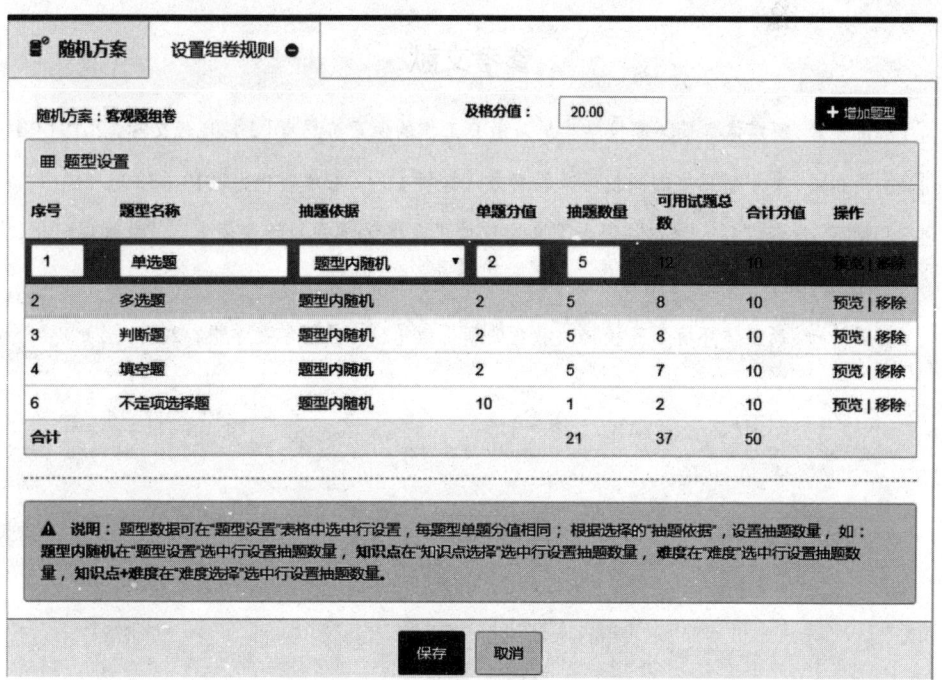

图5　在线课堂后台试题管理页面

三、结语

在"互联网+"的背景下,研究生思政工作要创新必须转变传统教学思路,拓展教学渠道,有效运用互联网教学平台,营造出数字化、信息化、智能化的教学环境。教师在网上授课,学生在网上学习,讨论、作业和考试都可以在平台上进行,甚至以后线下的授课可以成为线上授课的补充和延伸。利用互联网学习这种自主式的学习方式,可以提高研究生的学习主动性和分析解决问题的能力。总之,从我校本科生的思政教育工作经验出发,在推进研究生思政教育时可以充分发挥互联网教学平台的长处,有的放矢,最终全面提升研究生思政教育工作的水平。

参考文献

[1]雷子舒.新媒体背景下高校学生思政教育工作的探索与思考[J].现代交际,2019(9).

[2]刘春明.基于新媒体的高校思政教育方法探析[J].智库时代,2019(33).

[3]曾芸.浅谈"以人为本"理念下高职院校思政课教学的创新途径[J].教育现代化,2019(48).

[4]王效勤.新媒体环境下高校思政教育的新思考[J].黑河学院学报,2017(4).

全员育人：高校研究生人才培养模式创新的有益探索

——以北京第二外国语学院经济学院为例

刘睿基

北京第二外国语学院经济学院

摘 要：培养高水平现代化研究生是大学教育的重要目标，我国经济社会的发展和高等教育改革的不断推进，对高校研究生人才培养提出了更高的要求。在以学生成长成才为核心这一目标不变的前提下，必须结合90后学生这个群体特有的思考、行为特征，充分利用高校多渠道的资源和新媒体发展的最新成果，形成德育与专业教育相交融，线上教育与线下教育相辅助的全方位育人体系。

关键词：研究生；人才培养；全员育人

雅斯贝尔斯曾经说过，"所谓教育，不过是人对人的主体间心智交流活动（尤其是老一代对年轻一代），包括知识内容的传授、生命内涵的领悟、意志行为的规范，并通过文化传递功能，将文化遗产交给年轻一代，使他们自由地生成，并启迪其自由天性。"我国于2010年颁布的《国家中长期教育改革和发展规划纲要（2010—2020年）》特别强调，要通过"遵循教育规律和人才成长规律，深化教育教学改革，创新教育教学方法，探索多种培养方式，形成各类人才辈出、拔尖创新人才不断涌现的局面",以及"注重学思结合,倡导启发式、探究式、讨论式、参与式教学,帮助学生学会学习,激发学生的好奇心,培养学生的兴趣爱好,营造独立思考、自由探索的良好环境"等。总之,教育是为了"培养全面发展的人,有广泛同情心和判断能力的人,而非瘸腿的专家"。

培养人才是高校研究生教育的首要任务,是高等学校的根本任务和中心工作,也是高校存在和发展的根本理由。教育人、培养人、发展人是高校不可推卸的使命与责任,是一切工作的出发点和落脚点。人才培养本身具有丰富的内涵和外延,包含了学生德智体美全面发展的内容,绝非单一力量能够完成,因而是一项系统工程,至少应包括创新人才的培养模式和人才成长环境两大部分。创新人才培养模式是创新人才培养的核心,是在一定的教学组织管理下实施的,包括培养目标、专业结构、课程体系、教学制度、教学模式和日常教学管理;创新人才成长的环境是创新人才的保证,包括师资队伍、教学硬件和校园文化氛围。高素质的人才培养模式应该是从教师到学生、从观念到制度、从软件环境到硬件环境进行全方位、多角度的综合建设。

因此,全员育人就是高校进行研究生人才培养的题中应有之义,是高校的核心价值所在。只有当作为高校教育主体,包括专业教师、思想政治理论课教师、辅导员,还有作为教育客体的学生都围绕这一核心价值,自上而下与自下而上相结合,整合全要素的力量,才能最终实现高校"全员育人"这一价值诉求。

受市场经济浪潮冲击和社会多元主义思潮影响,高等教育开展过程中面临不同程度的困境,高校的"全员育人"无法完全贯彻,甚至出现偏差、异化。主要有以下三点:第一,知识教育与道德教育相分离,部分高校研究生缺乏基本的道德素养。在现有教师考核评价体系中,德育工作被看作是政治理论课教师和辅导员的事情,与专业教师无关,很多专业教师重视"教书"而忽视"育人"。第二,理论学习与躬身实践"两张皮",部分研究生知行不一。道德教育由于缺乏有效的测量指标,无法像知识教育一样进行量化考核。德育课教师注重理论灌输,而忽视人格养成,重"以理服人"而轻"以德化人"。第三,传统育人手段与现代技术脱轨。随着新媒体技术的不断发展,学生信息接收渠道不断拓宽,传统讲授式的课堂教学和线下活动已经不能满足学生的需求。

针对上文中提到的"全员育人"人才培养模式面临的困境,作者从实际工作出发提出几条相对应的解决策略。

一、明确人才培养理念、目标,解决"培养什么样的人和怎样培养人"的问题

学校层面要做好研究生培养工作的顶层设计,将立德树人的工作要求贯穿始终,将培育学生良好思想品德和过硬专业素养细化为可操作的具体方案并严格执行。通过研讨会、职工大会,形成关于人才培养的本质特征、目标价值、活动原则等的理性认识。研究生与本科生培养的一大差别是导师负责制,导师在研究生的成长成才过程中发挥了至关重要的作用。因此,加强师德建设,强化教师在"全员育人"中的主导作用,突出"教书育人"作为教师职业的天职感,增强使命感和责任感非常必要。应引导教师全方位关心、爱护学生,主动将思想教育融入专业教育的各个环节,在传授知识的过程中,加强对学生的思想政治教育。同时,完善制度,明确导向,以北京第二外国语学院经济学院为例。第一,学院实行双导师制度,为学生聘请校外产业导师,丰富学生视野,提高学生研究水平。第二,制定双周理论学习制度,邀请校外专家进行专题讲座,强化导师的理论研究水平。第三,设立研究生外出调研专项经费,为"全员育人"人才培养模式的贯彻落实提供资金保障。

具体操作来讲,就是变条块分割式教育为互补式教育,将专业教育与道德教育有机统一于高水平人才培养这一最终目标。在北京第二外国语学院经济学院人才培养工作中着力打造三支队伍——专业教师+辅导员+学生班主任,形成育人合力。例如,规定专业教师按照入职先后担任新生成长顾问,并且所有教师必须轮流担任,将此作为成绩考核的一项重要指标。充分发掘专业教师的教育优势,借助教师专业成长经历及丰富的教学经验,引导学生更快地了解专业学习要求,明确专业发展目标。通过主题班会、班级座谈会、户外运动、

专业基地实践参观等形式，与班级同学进行近距离的交流，使老师们能更深入、更准确地了解同学们，对不同情况采取相应的帮扶引导，有效地解决学生生活与学习中所遇到的问题。在学生就业选择的过程中充分发挥导师的资源优势，将导师一对一精准就业推荐与招聘会广泛撒网相结合，把好学生就业"出口关"。

此外，选拔、培养优秀高年级学生担任班主任，充分发挥学生朋辈影响力，实现德育工作多层次、阶梯化的开展。在迎新工作、校史教育、科研素养培训、心理健康教育、思想引领主题班会等院系和班级活动中，都有朋辈导师指导、帮扶的身影。学生班导师自身的学生身份，使得他们更容易跟新生打成一片，更了解学生的思想、学习状况，在班级建设、学生日常管理中起到了显著作用，大大增强了班级的凝聚力，对新生的成长起到了正确的方向指引和模范作用。

二、重视道德教育的实践性，发挥隐性课程在人才培养中的重要作用，培养知行合一的当代大学生

隐性课程是指"在学校中除正规课程之外所学习的一切东西，是学校经验中隐蔽的、无意识的或未被完全认可的那部分经验"。

充分发挥隐性课程在育人上的功能与地位，在政策与制度层面规划隐性课程建设方案，并且结合校情，发掘校园环境中的各种隐性课程资源，包括营造生动活泼的学习环境、自由民主的学术环境、舒适优美的生活环境与充满爱心的育人环境等。同时以学生为中心，以学生高满意度为目标，突出大学制度中的人文关怀。将外在的制度内化为自觉地遵守，从而充分发挥管理制度中隐性课程的情感陶冶功能，真正达到"润物细无声"的效果。

在人才培养过程中，坚持"走出去"与"引进来"相结合，引导学生在实践中树立良好德行。具体来讲，首先是"走出去"，一方面在社会实践过程中，学院从政策层面进行顶层设计，鼓励、引导学生将专业知识与传统文化、核心价值观相结合，在实践中培养学生礼敬传统、胸怀天下的优良品质。另一方

面，德育课堂走出教室，进入文化单位和相关企业进行现场教学，培养学生的人文情怀和专业素养。其次是"引进来"，一方面邀请业界人士进入课堂，现身说法，提高课堂的活跃度和学生对专业知识的直观感受。另一方面，传统文化进校园，提升学生对优秀传统文化的认同。

三、以微为主，打造特色

所谓"微"有三层含义：一是强调传播手段的微小化，在教育、传承过程中以小见大，入脑入心。二是强调传播内容的实践性，将道德教育融入学生日常生活之中。三是强调传播主体的原子化，每一个学生都是自身的代言人，都是良好道德的践行者。

针对新媒体时代下信息传播分众化、信息接收互动化、叙事方式细微化等特点，结合新媒体技术，以"传统+现代""线上+线下""理论+实践"的方式，在学生日常管理和教育过程中开展一系列学生喜闻乐见的微活动，实现受众群体全覆盖、开展形式多样化。例如，北京第二外国语学院经济学院开展"双语微党课"比赛，鼓励同学们将"大理论"与身边的"小事件"相结合，鼓励学生从身边的小事中发掘个体践行社会主义核心价值观的宏大意义；此外，成立专门组织负责运营学院官方微信平台，开辟专题栏目，定期推送学院师生采访，展示师生风采，发掘身边的榜样。总之，充分利用新媒体"短、平、快"的特点，开展适应当代大学生信息接收特点的活动，于细微之处窥见广大。

研究生教育不仅是为学生的职业生涯做准备，更要对学生的终身发展和幸福人生负责。首先，要突出全人教育的重要性，使学生具有丰厚的学识、聪明的才智、通达的性情、宽广的胸怀和良好的教养。其次，教育工作者必须树立全员育人的人才培养理念，尊重学生主体性、多样性、参与性，增强教育过程的互动性。最后，全员育人必须实现全员参与，通过整合高校现有资源，通过制度创新、实践创新，构建新时期高校全员育人的德育新机制。

参考文献

[1] 雅斯贝尔斯.什么是教育[M].北京：三联书店，1991.

[2] 国家中长期教育改革和发展规划纲要（2010—2020年）[EB/OL]. http://edu.ifeng.com/news/detail_2010_07/30/1859314_0.shtml.

[3] 朱宏.高校创新人才培养模式的探索与实践[J].高校教育管理，2008（3）.

[4] 江山野.简明国际教育百科全书[M].北京：教育科学出版社，1991.

[5] 董泽芳，王晓辉.国外一流大学人才培养模式的共同特点及启示[J]国家教育行政学院学报，2014（4）.

[6] 张明菊，范天森.新形势下高校"全员育人"的理念与实践探析[J].学校党建与思想教育，2009（11）.

第三篇
关爱·学生

高校研究生会招募新成员方案设计

——以北京第二外国语学院研究生会为例

庄 阳[1] 徐满哲[2]

(北京第二外国语学院党委组织人事部[1] 团委[2])

摘 要：高校研究生会是研究生自我管理、自我教育、自我服务的群众性自治组织，在研究生日常管理工作中有突出作用。高质量、高素质的研究生会队伍，对于加强和完善研究生管理有重要意义，高校研究生会招募新成员过程需要谨慎对待。本文结合自身工作经验，以北京第二外国语学院研究生会为例，运用人力资源管理相关理论，分析了当前我国高校研究生会招募新成员存在的主要问题，并提出行之有效的招募新生力量的方案设计。

关键词：研究生会；招募新成员；方案设计；北京第二外国语学院

能否聘任到合适的员工，使得企业或组织拥有具备核心竞争力的人才是一个企业兴衰的关键。同样，作为高校学生组织，研究生会如果能够招聘到优秀的学生干部，不仅能加强学生组织执行力，促进研究生学生工作的顺利开展，也可以对学生干部进行教育，使学生干部在学期间的管理能力得到锻炼，为未来进入职场积累经验。

一、招募新成员方案的设计对高校研究生会的意义

招聘是指"企业为了生存与发展的需要，根据人力资源规划和工作分析提

出的人员需求数量与任职资格要求，通过需求信息的发布来寻找、吸引那些有能力、又有兴趣到本企业任职者，通过科学甄选从中选出适宜人员予以录用，并将他们安排到企业所需岗位的过程。"因此，招聘是一个过程，需要形成规范的招聘流程。而招聘流程的形成本身，就是组织招募新成员方案的设计过程。

（一）招募新成员方案设计的常规内容

招募新成员方案的设计，一般包括招募、选拔、录用和评估等内容。具体而言：

第一，招募是招聘体系的首要步骤，它以人力资源规划、工作分析为前提和基础。一方面，作为招聘的基础性工作，人力资源规划主要解决人力资源部门在什么时间、为哪些部门招聘多少具备合格素质的员工问题。在研究生会中，就是由负责学生工作的老师和研究生会中的管理者，诸如研究生会主席等，来共同商讨和安排需要面向组织外部吸收多少成员的问题，从而提高招聘工作的计划性，并且满足组织发展对人力资源的需求。另一方面，工作分析的结果能够使管理者了解什么样的人应该被招聘进来填补这些空缺。对于招聘来说，最有用的职位信息是工作职责和任职者的胜任条件，这些都属于工作分析的内容。这就需要研究生会负责干部选拔的人员在职位发生空缺时，能够明确职位候选人选和标准，在组织人员考评时，能够正确地选择测评指标和考核内容，避免盲目性。通过一系列调查，分析研究生会组织的人力资源需求状况，综合考虑学校宏观的研究生概况，选择恰当的招聘策略，制订合理的招聘计划，保证招聘工作有的放矢、有条不紊地按计划实施。

第二，人才的选拔与评价是招聘工作中的关键步骤。选拔是组织从职位的需要出发挑选出最适合岗位的人。不是所有的研究生都适合来做学生干部，实际上，有很多研究生，想要加入学生组织并不是认为自己有多大的工作能力或者能为这个组织带来什么，而是觉得这里应该是解决自己一些诉求的收容所，觉得通过这里的锻炼，能够使自己充实。什么人才是适合做学生工作的人，成为每次选拔的讨论点。所以，选拔评价工具的正确选择，对研究生会来说，能降低成员招聘的风险，节约招聘成本，便于人员的合理配置与管理，直接影响组织战略目标的实现，对于研究生会成员则有利于职业生涯的规划。这个环节包括：简历筛选、面试、人员评价等。

第三，人员的录用与就职工作的成功与否，直接关系到组织的后续管理工作，如人员培训、人员管理、绩效与薪酬管理等。这部分工作包括录用决策、新员工的入职培训、试用期考核、正式录用等。在研究生会中，学生干部的任期并不长，决策制定的时间，成员入职的培训，就更需要进行合理的安排，尽可能地避免发生这个成员刚刚培训结束，掌握了一定的技能，其任期也就结束了的这种对于成员个人未必不是好事，但牺牲了研究生会组织利益的事情。

第四，评估是人员招聘流程中不可缺少的重要阶段。在招聘工作完成后，通过对招聘成效、录用人员、招聘人员的工作的评估和对整个招聘活动的总结，可以检查是否达到预期的招聘目的，以便总结经验教训，不断地改进和提高以后的招聘工作质量。同样，研究生会基本上每年都在进行招聘，积累本年度的经验，才能够更好地开展下一年度的招聘工作。

（二）招募新成员方案的设计对高校研究生会的价值

作为一个优秀的组织，需要不断吸收新生力量，为组织不断适应现实发展而提供可靠的人力资源保障。作为高校研究生会，同样也需要不断发现优秀的学生干部，使其加入这个组织中来，为组织的发展提供保障。所以，招募新成员方案的设计是研究生会人力资源管理中最基本的管理活动，在研究生会人力资源管理中有着重要的意义。

第一，招募新成员方案的设计，满足了研究生会发展对人员的需要。作为研究生会持续发展的保证，需要不同类型、不同数目的人才，来保证研究生会能够持续发展，因为研究生都不是专职的学生工作者，不能够保证所有人在研究生期间都在为研究生会工作，必须不断地吸收成员，来保证组织的成长和发展。

第二，招募新成员方案的设计，是确保学生干部素质良好的基础。招聘过程设计了许多步骤，每一步都有选择，经过层层选拔，最后被录用的研究生，相对是组织满意的人员，这些人员的学习水平、所掌握的技能等都是组织所需要的。因此，在研究生会中，有效的招聘可以保证学生干部的基本素质保持较高的水平。新成员的进入，一方面给研究生会引进了不同层次、背景的人才，另一方面也给现有人员带来了压力，促使他们不断提升自身素质以适应组织发展、人员竞争的需要。

第三，招募新成员方案的设计，可以在一定程度上保证成员队伍的稳定。每一个组织都不希望所招聘的人员经常出现"跳槽"行为，研究生会更是如此。对于这样一个非营利组织来说，需要能够保证其中的成员，"安心"地做好研究生会各项工作，而不是取舍不分、来去不定、责任不明。所以在招聘过程中，招聘人员一般都会注意审查申请人的背景和经历，以推测其是否会很快离开并给组织造成损失。因此，好的招募新成员方案的设计，可以部分地消除组织未来的不稳定因素。

第四，招募新成员方案的设计，也是一项树立组织形象的对外公关活动。在高校中，大部分研究生会的成员招募，都是对外招聘，是面向所有研究生的招聘。所以，向外部进行招聘宣传的同时，通过有选择性地采用各种形式将研究生会的组织形象传播出去，除申请应聘的人员以外，更多的同学也会注意到招聘的内容，促使更多人了解研究生会的组织概况，从而使招聘成为组织对外宣传的时机。

二、高校研究生会招募新成员方案设计存在的问题及原因——以北京第二外国语学院研究生会为例

根据时代发展、社会需求、学校政策和群体特征，各高校研究生会招募新成员方案的设计五花八门，莫衷一是。本文以北京第二外国语学院研究生会为例，对高校研究生会招募新成员方案的设计现状及问题加以简要归纳：

（一）北京第二外国语学院研究生会的人力资源现状

北京第二外国语学院研究生会成立于 2000 年 9 月 1 日，目前拥有成员 57 人，其中男性 5 人，女性 52 人。北京第二外国语学院研究生会内部机构设主

席团，其下分设外联部、秘书部、学术部、文体部、宣传部等 5 个部门。其中，研究生会主席团是研究生会的决策机构，各部门在研究生会主席团指导下开展工作。

北京第二外国语学院研究生会设秘书长 1 人，由校团委专职干部担任；主要学生干部 15 人，由研究生担任。其中，研究生会主席 1 名，副主席 3 名，均由研二学生担任，各部部长（包括副部长）11 人，由研一学生担任。同时，有 42 名研一学生成为研究生会各部门干事，既作为研究生会主要的依托群体，也成为各部部长的增补候选人。

（二）北京第二外国语学院研究生会目前招募新成员方案设计存在的问题

每年 9 月，北京第二外国语学院研究生会面向研究生一年级学生展开新成员吸收工作。结合近几年的实际，北京第二外国语学院研究生会目前招募新成员方案的设计主要存在以下问题：

1. 招募计划不合理

研究生会的人员招聘在最初的招募阶段没有依据科学的人力资源规划来制定招聘方案。招聘计划的编制，通常是每年 9 月份由学生组织的负责人（即研究生会秘书长、研究生会主席、副主席）来行使相当于企业中人力资源部的职能，向研究生会各部门征询用人需求，各部门根据经验来判断本年度新生的工作能力相关程度，来推断本年度本部门需要招募多少人，向研究生会主席团提交人员需求，主席团再根据自己的经验并依据各部门的需求来制定招聘人数。这样只凭经验确定的用人需求，不够合理也不够科学，一开始就会使得参与招聘的研究生会部长们不明确此次招聘的目的和需求，也不明白各部门的应聘资格要求，同样就会毫无计划性地，凭借自己的主观意识来开展招聘工作。

2. 选拔方法不科学

由于大部分的面试选拔人员，都是刚刚从干事职位走上部长这个职位或从部长走上主席、副主席这个职位的，在使用科学的选拔工具来选拔人员的水平上还有一定欠缺。当我们的部长面对前来应聘的一年级新生时，自己完全没有做好当考官的准备。在看完《干事申请表》和听完干事自我介绍后，并不能在马上做出合理个人判断后，提出一个测试某一方面能力的高水平的面试问题。同时仅仅使用结构化面试这一种面试工具，在对于干事综合能力的测试上就显得是十分欠缺。各个不同职能的部门没有自己独特的招聘工具测评组合。在本部门很难保证招募到符合部门工作特色的成员的同时，也会使得应聘者感觉选拔依据不能客观公正。尤其是对于淘汰者来说，就会觉得研究生会的选拔不科学，毫无工作能力，让其组织形象大打折扣。同时，面试人员在选拔过程中往往仅关注本组应聘者，对扩大研究生会影响力和号召力考虑不够，造成研会成员构成覆盖学院、专业不全，降低了研究生会在全校各学院各专业范围所应发挥的积极作用。

3. 录用决策不准确

在面试等选拔过程结束之后，研究生会各个用人部门不能马上依据部门需求合理分配人才。原则上，新生各班级的班长、团支书都是整个新生群体中的佼佼者，如果能够将其吸纳进研究生会，是很好的人力资源。对于研究生会各部门，招到班长或团支书可以提高一定的工作效率；对于研究生会整体，由于本班的班长、团支书已经成为研究生会的一分子，那么在开展一些班级工作的时候，就可以得到班级同学的支持和人员数量上的保证。正因为此，每次选拔结束后，各班班长、团支书就成为争相选择的对象。但是毕竟每个学生干部都有自己的领导风格和能力差距，如果研究生会某个部门将大部分班长、团支书招进了本部门，那么其他部门工作就会受到影响，所以对于这些"佼佼者"们，更需要根据性格特点、工作能力等合理安排，做到人尽其才、才尽其用。否则，混乱的分配就会导致资源浪费。

4. 评估方案不系统

研究生会招新结束后的每次的招新总结都很难起到作用。尽管招聘评价在每次招聘完成后马上进行，但是只是各部门负责人和招进来的新干事的一个简单的心得体会，没有设定特定的顺序和要求，使得交上来的心得体会没有全方位记录本次招聘过程中出现的问题，以及需要改进的地方和值得保留的建议，发掘不到问题真正所在。以至于在下一年的招聘过程中，由于负责面试的人员由去年被面试的人来当，今年继续留在组织里的人又很少，很难积累上次的招聘经验，导致每次招聘都是第一次招聘。

（三）北京第二外国语学院研究生会招募新成员方案设计存在问题的原因分析

北京第二外国语学院研究生会招募新成员方案设计之所以存在问题，主要是由以下原因造成的：

1. 缺乏战略性导致无计划的招募

研究生会的成员招募没有从研究生会的发展战略高度出发，而是将新成员的招聘当作每年的例行公事，这就导致了计划的制订无法科学和合理。对于新成员，也就是高校研究生会干事的招聘，从来都是依据本年度本届的要求来制订招募计划，而没有把它当作实现组织战略目标的一个依据。研究生会在成立之初就明确了打造一流学生组织的战略要求，但是对于如何打造、需要多少时间打造、每个阶段的重要工作是什么则并没有明确表明。尽管对于学生组织的发展，很大程度上要受到学校宏观环境的影响，就像高校团组织承担了教育团员青年的职责一样，研究生会的职责在一定程度上也就是培养和教育学生干部，而不是针对这个组织本身，需要其多么的成熟，但是一个学生组织如果不够成熟和先进，又如何能培养出优秀的学生干部呢？大部分的研究生会干部在每一年上任时，都是摸着石头过河，抱着走一步是一步的想法。因为他们没有看清楚，自己所在的这一任组织，需要完成什么样的战略目标。研究生会每年招聘需求不是来自科学的人力资源规划，而是由几个负责人凭经验提出，随意性较大。研究生会发展战略及目标、任务应该与干事的招募计划的制订紧密相连，有一套科学的可持续的干事培养和成长战略，这样才能够在一年后提拔干事作为各部部长时全面客观，也同时起到培养和教育学生的作用。

2. 缺乏专业知识使得选拔不科学

在研究生会中，所有的研究生会干部，自己本身就还是学生，缺乏专业的人力资源知识来指导自己的工作。每年的招聘活动，是由几名三年级的研究生会主席团成员，带领大部分二年级的部长完成的。此时的部长，也只是刚刚结束了一年级的学习，刚刚认识熟悉新的校园环境和工作脉络，拥有的知识也只是基础的专业知识。这样子的部长，自己都还没有弄清楚什么是招聘，为什么要招聘，如何招聘这些招聘中的基础知识，就很难关注和选拔出适合这个组织的干事。二外不同于管理学校，没有优于其他学校的人力资源管理专业，也就没有相关专业的职业老师，如果在招新开始前，能够让其他学校人力资源管理教研室的老师先给这些部长们教授一些专业知识，有了一定理论基础后，再去使用到研究生会的招新实践中，那么这样研究生会干部应该能够从中学以致用，并且能够在招聘过程中收到一些好的效果。

3. 录用目的不明确导致录用决策不准确

由于新上任的部长仅仅在研究生会工作了一年，所以缺乏相关经验，并不清楚即将要录用什么样的成员在本部门工作，因而就会导致在录用时期，很难做出准确的录用决策。在这种时候，可能只有在研究生会工作了两年的研究生会主席、副主席通过过去两年的一些在研究生会工作的经验，知道这个组织需要什么样的成员才能够顺利发展，能够比较明确录用的目的，可以对各部门的人员招募给出一些建议。但是主席也好、部长也好，都没有去过企业，没有经历过真正企业的面试，也都不是公司的人力资源经理或者公司高层，没有深入一个成熟的组织内部，了解组织录用人才的目的。所以在研究生会成员招聘的录用环节，很难做出准确的判断，给出正确的录用决策。

4. 招聘缺乏评估、反馈与总结

学生组织对于招聘的评估还停留在主观感觉的阶段。每一年度的招聘结束后，研究生会主席团要求各部门上交一份招新总结，同时要求每位成功入选的干事上交一份招新心得体会。但是这都仅仅是主观感受上的总结，并没有使用一定数据和分析。这样子的评估，缺乏适当的成本计算和效率度量。需要尝试建立一个招聘评估体系，根据整个招聘中各个环节，设计调查问卷或者访谈表，针对招新的部长和新加入的干事，都进行调查和分析，及时地反思和修正，总结本次的经验，才能积累经验，为下次招新的改善提供依据。

综上所述，要改变研究生会的招聘现状，必须设计一套较完善的、符合组织具体实际需要的招聘方案：加强研究生会招聘与研究生会整个组织发展战略的联系；不断调整和优化招聘流程；界定研究生会各部门关于招聘的职责分工，加强部门协作；树立研究生会招聘的营销观念，借助招聘来表现研究生会形象和研究生会的组织文化；制定明确而合理的选聘标准，依照研究生会各部门的职能要求，利用人员测评工具，缩小筛选范围，确定关键考核点，鉴别主要才能；进行及时规范的招聘评估。只有这样，研究生会的招聘才能达到可预见、可控制和可量化，加强成员招聘的计划性、规范性和科学性，确保人才的质量，促进研究生会发展目标的实现。

三、高校研究生会有效设计招募新成员方案的基本思路

科学、完整的招聘方案能够吸引和保留优秀人才，促进研究生会战略的成功实现，帮助研究生会稳定、健康地发展，从而更大程度推进学生干部作用的发挥。结合上述分析，根据北京第二外国语学院研究生会发展的实际状况和招募新成员方案设计的实践经验，本文为高校研究生会有效招募新成员设计的方案主要分为招聘前期、面试过程、录用及招聘评估这四个方面。

（一）招聘前期

1. 明确招聘原则

高校研究生会的招聘原则确定如下：

（1）公开公正

体现"以人为本"的公开公正的招聘，一方面是研究生会形象的展示，将招聘工作置于公开监督之下，减少违规，杜绝以权谋私，防止招聘中的"暗箱"操作；另一方面，可以吸引广大的应聘者。

（2）公平竞争

高校研究生会为学校新一级学生提供公平的竞争机会，消除歧视的思想和做法，向学校与广大同学展示良好的组织形象。公平竞争要求以统一的工作标准、对同类应聘人员的统一测试标准等规范的招聘制度的建立，来促进人力资

源管理水平的提高。

（3）择优录用

人才选聘，必须以适合企业文化与发展的需求为目标，要求人才具有企业所期望的基本素质与发展潜质。对于高校研究生会而言，在未来几年将处于快速的发展阶段，需要优秀人才的加入，以确保研究生会拥有一流的学生干部队伍和良好的团队合作精神。按照"20/80"原理，组织人力资源开发的重点应由全体成员向高绩效成员转变，即重点关注那些为组织创造了最大价值的高绩效成员，将用于人力资源投入的80%向高绩效成员倾斜。对于学生组织来讲，首要任务就是要识别并选聘这些优秀的学生干部，然后通过制定有针对性的人力资源政策对他们进行支持。

2. 设计招聘流程

坚持高校研究生会招聘原则，依据高校研究生会的实际情况，本方案设计了高校研究生会的整体招聘流程，如图1所示。不同岗位依据事先确定的招聘渠道，招聘流程略有不同。

3. 招聘职责分工

明确高校研究生会招聘活动的两类参与部门：项目组（类似企业中人力资源部门）和用人部门的职责分工。在整个招聘程序中，两类部门共同参与，责任各有侧重。用人部门直接参与整个招聘过程，并在其中拥有计划、初选与面试、录用、人员安置与绩效评估等选择权，完全处于主动地位；而项目组则提供相应的支持性工作——组织与服务，但由于项目组还有研究生会负责人在其中，还是具有一定的决策权。这种做法，一改目前的招聘基本由招聘项目组全权负责的"一家独大"的状况。表1是高校研究生会关于招聘过程中用人部门与项目组工作职责分工的表述。

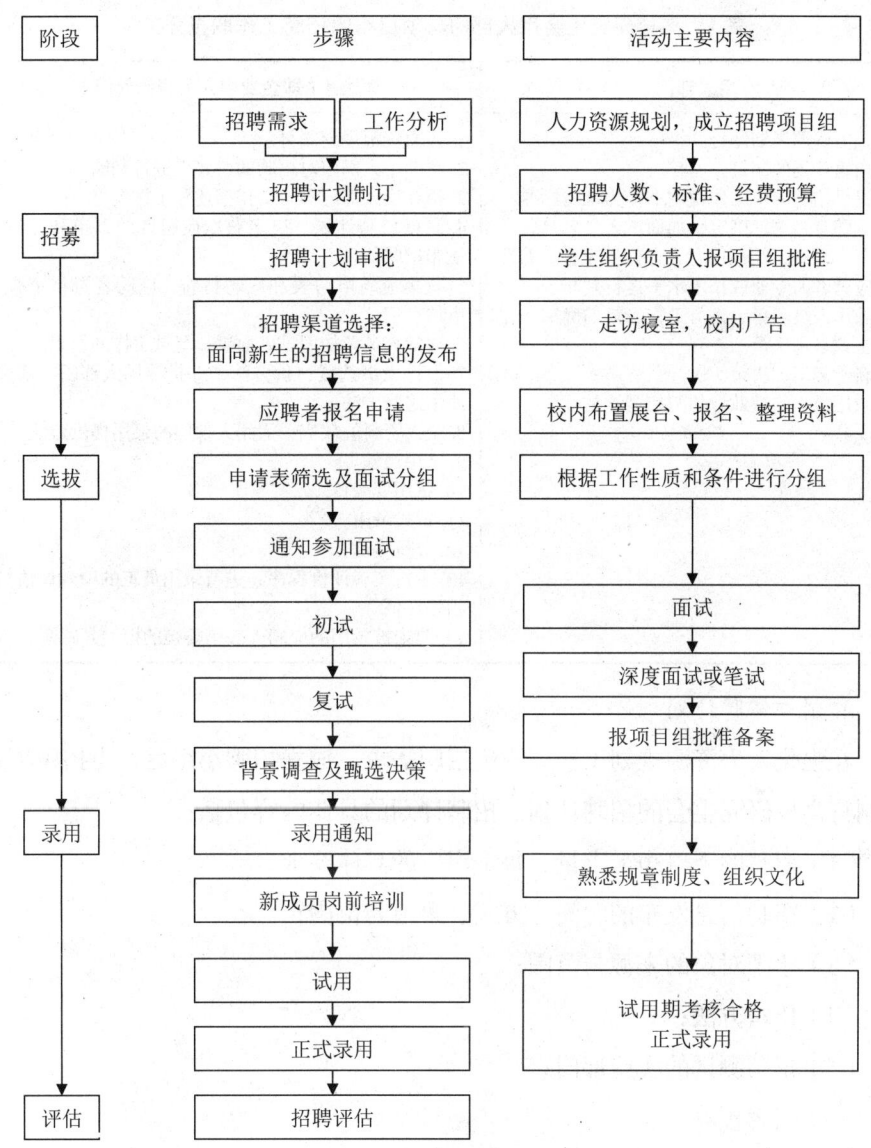

图1 研究生会的招聘流程

表 1　高校研究生会用人部门与项目组的招聘工作职责分工

用人部门	项目组（即企业中人力资源部门）
1. 人力资源规划修订。 2. 招聘计划的制订。 3. 提供招聘岗位工作说明书作为录用标准。 4. 应聘者初选，确定参加面试人员名单。 5. 负责面试、笔试出题、评阅等工作，对职位应聘者的专业或技术水平进行判断。 6. 录用人员名单、人员工作安排的确定。 7. 正式录用决策。 8. 新干部培训决策。 9. 录用员工的绩效评估与招聘评估。	1. 人力资源规划制订。 2. 帮助用人部门对招聘的必要性进行判断。 3. 指导用人部门撰写工作描述和工作规范。 4. 制订招聘计划，决定获取应聘者的渠道和方法，发布招聘信息。 5. 收集应聘申请表和应聘材料，应聘者资格审查、申请登记。 6. 通知人员参加面试，面试、笔试工作的组织。 7. 设计人员选拔评价方法，并指导用人部门的部长使用这些方法。 8. 个人资料的核实，为用人部门的录用提供建议。 9. 录用通知。 10. 试用期考核。 11. 正式录用。 12. 成员培训。 13. 主持实施评价程序，进行录用员工的绩效评估与招聘评估。 14. 向未被录用的应聘人表示委婉的拒绝并感谢。

4. 制订招聘计划

在强化人力资源规划工作、明确招聘需求、成立招聘小组后，由招聘项目组制订高校研究生会的招聘计划。招聘计划的具体内容包括：

（1）招聘的干事净需求量、每个岗位的具体要求；

（2）招聘信息发布的时间、方式、渠道与范围；

（3）招聘对象的来源与范围；

（4）招聘方法；

（5）招聘测试的实施部门；

（6）招聘预算；

（7）招聘结束时间与新员工到位时间。

其中招聘干事净需求量由招聘需求加以明确，每个部门的要求则是来源于工作分析的结果之一——职位说明书。通过工作分析，招聘者才能做到对所要招聘的是什么样的人心中有数，应聘者能够了解他们正在申请职位的工作性质、工作条件，以及该职务是否符合他们的兴趣等，这样能防止因对职位事先不了解而引发缺勤或流失问题的产生，减少组织的损失。关于工作分析的运用将在甄选技术与方法选择章节中进一步阐述。

5. 选择招聘渠道与发布招聘信息

高校研究生会作为一个学生组织，每年需要不断补充干事即基层学生干部，以确保研究生会学生干部队伍的梯队层次。通常采用外部招聘方式来招收本学校每年一年级的新生来充实研究生会的学生干部队伍。面向校园招聘的程序为：摆放研究生会宣传展板，走访新生班会和寝室，由招聘负责人向新生介绍研究生会情况，招聘负责人答学生问，校园内宣传广告，申请表筛选，初步面试，复试（部门面试），压力面试。

无论任何招聘，良好的信息发布都有利于吸引更多的应聘者的关注，而且设计精良的招聘广告具有一定的"形象效应"，有利于树立组织公共形象。高校研究生会的招聘信息包括：

（1）研究生会宣传材料；

（2）招聘广告。

宣传材料和招聘广告由组织部和宣传部负责编写。宣传材料包括一个或多个介绍研究生会的展板，用于介绍高校研究生会组织和工作概况；如果能够走访班会，还应准备一个介绍组织概况及工作环境、工作内容的多媒体资料，在走访班会时首先播放介绍研究生会概况的幻灯片，以充分利用机会宣传研究生会，之后请负责人回答有意应聘者的提问。这样除广告效应外，可以让应聘者对研究生会有一个概括了解，初步感受组织文化；在通过简历筛选的第一关后，人员进入初试阶段时，再观看关于研究生会工作环境、性质、内容的另一段较为详细的幻灯片，让应聘人员进一步进行自我评估和选择。先期的多媒体资料了解可令一些应聘者知难而退，而不至于到了研究生会之后期望过高而在短期内失意离职，否则，对招聘双方而言都是得不偿失的事情。

研究生会招聘广告的发布采用统一格式，包括研究生会标识、称谓、版面大小等要求，招聘广告内容包括：工作地点、任职资格、职务、责任、组织特征、个人素质、工作前景等。

招聘信息发布遵循三个原则：层次原则、广泛原则、及时原则。

由于有的高校研究生会网站的建设与利用才刚刚起步，长期以来都很难实行网上报名与通知事宜。在此提出，将网络招聘作为未来几年研究生会信息化战略实施的响应措施之一。

（二）面试过程

1. 资料获取、简历筛选

选拔的第一步是获取应聘者的资料和对应聘者申请表（即简历）的筛选。

首先，应聘人员填写研究生会统一印刷的《研究生会干事应聘报名表》，表格填写可以传递申请人提供的信息内容，一方面保证完整地提供研究生会所需要的信息，另一方面避免不必要的信息，还使不同应聘者之间的比较更加容易；有利于对应聘者的情况进行分类、排序、搜索等，提高研究生会招聘录用的效率和准确性。同时，由于事先已经将表格按班级分好，并且已经填上姓名，保证了在现场报名的效率。

然后，招聘项目组在统计好总数后，按照班级分发由研究生会统一制作的《研究生会干事申请表》。项目组提供了这样一个模板，在收集信息的同时，也给面试者一种暗示，以后参加公司的面试，需要有自己的简历。干事申请表可以帮助项目组了解应聘者的写作能力的高低和学习、生活经历是否符合岗位的要求。

最后，由招聘项目组对登记表筛选，筛选和分组要点包括：

应首先明确研究生会招聘的工作职位、战略目标和组织文化，与应聘者的个人风格是否协调，可以从以下方面来观察：

一是应聘者的兴趣爱好及性格特征与工作职位的相关性；

二是应聘者的个人规划、求职动机、对自我的定位，是否与研究生会的战略目标与组织文化相协调；

三是是否描述了曾参加或组织活动的工作实例，包括当时的情景、任务、行动和结果；

④逻辑思维语言表达能力、计算机等技能的掌握情况。通过联系方式判断应聘者的自由程度。

通过申请表筛选，项目组将符合干事岗位基本要求的定为初步合格的候选人，按照优劣情况将候选人分为 ABCDE 五组，并通知他们参加初试。

2. 候选人的评价

招聘流程图中的初试、复试、压力面试被归为对候选人的评价阶段。由于本次招聘，级别均为干事（即一般基层工作人员），所以设计如下测评组合和步骤。

（1）素质测评组合

一般基层工作人员招聘是对照职位说明书，采取面试、专业知识笔试、一定的现场操作技能测试等。但同时可以在各部门分试的过程中，通过无领导小组讨论的形式，并加入情景模拟测验、公文测验、角色扮演等元素，对应聘者是否具有管理者的潜质进行测试。

（2）测试步骤不同

初试由不同部门的部长及分管业务的副主席组成评审小组，采取面试的方法对应聘者做出初步考评，避免某部门"抢人"的问题。根据应聘者的表现，在《研究生会干事申请表》的相应位置填写表现情况，合格者推举给用人部门进行复试。

复试由同部门的部长及副主席负责，制定符合部门特色的测评方式。复试包括两个环节：第一环节笔试，包括心理测试，如卡氏 16 种人格因素测验、霍兰德职业适应性测验、个性气质价值观的测试等，均有标准问卷，并视情况临时增加专业技术测验；第二环节是由评审小组对应聘者采取情景模拟测试方法或无领导小组讨论的评价中心方法，根据应聘者的表现在《研究生会干事申请表》的相应位置填写表现情况和《无领导小组讨论观察记录表》。最后将笔试和测试的分数加权记总分，项目组整理编制测评结果表，将资料汇集上报。

压力面试由研究生会秘书长、主席等组成高层领导评审团，与已经通过复试的候选人 3 人一组进行面谈，作最终的评价。每人面谈时间为 10 分钟。由评审团提出一些在研究生会工作中实际的但又很棘手的问题,让三位候选人面向研究生会高层管理者,再次展示自己胜任的能力。面谈结束,评审团根据三人表现,选出两名直接能够录用的成员,一名待定的成员。等到所有的候选人都面试结束后,请所有待定人员在同一考场规定时间内,完成一套笔试试题。根据答题情况,选择录用与否。

3. 面试

鉴于研究生会招聘现状中提到招聘缺乏结构化面试及结构化面试的诸多优点,方案设计强调了研究生会的结构化面试测试系统的建立。

(1)面试准备阶段

①确定面试小组成员

面试小组成员一般由2至3人组成。研究生会副主席负责人员的最后定夺;不同部门部长负责技能、知识,工作经验等专业能力方面考察以及工作、学习经历、求职动机等一般事项考察。

面试小组成员在面试前应该做到几点:

A. 熟悉拟招聘成员的职位要求,了解部门职责,明白对任职者的知识、能力、经验、个性特征、职业兴趣等方向的要求。

B. 阅读应聘者的《研究生会干事申请表》,审视应聘者的学习、生活背景及其与工作内容的相关性。由于前期已经有了类型分组,需要大体对本组人员有个心理准备和评价。

②准备面试的时间和场地

A. 通常面试安排在非上课时间,如周末或晚上等;对个别时间有课的班级,可与其另外约定。

B. 面试的场所安排在教室,最好是一层楼的教室,避免候场室与面试室的距离太远,影响效率。面试采用多对一的面试,采取圆桌会议的形式,使面试者不会觉得心理压力太大,同时气氛也较为严肃。

③熟悉《研究生会干事申请表》上的面试评价部分,做好提问和评分的准备。

（2）面试实施阶段

结构化面试实施分为五个阶段：建立融洽关系阶段、介绍阶段、核心阶段、确认阶段和结束阶段。

①建立融洽关系阶段

该阶段占整个面试时间的2%，虽然短暂却十分重要，将确定其余面试部分的基调。面试官与应聘者握手，引导其坐下，提出一些随意的、不针对工作相关话题的封闭式问题，目的是帮助应聘者放松心情。

②介绍阶段

该阶段约占整个面试时间的3%，面试官首先介绍面试的基本情况，说明面试时间长度、程序和面谈的问题。此阶段也可放在候场室进行。

③核心阶段

这是整个面试中的最实质性阶段。在此阶段，面试者将根据职位要求，搜集有关应聘者的各项能力，即技术能力、知识水平、行为能力和人际交往能力的全部有关信息。该阶段占整个面试时间的85%，其中65%用来提出基于考察关键胜任能力的问题，以行为性问题为主导。

④确认阶段

该阶段给面试者一个核实应聘者工作水平的机会，在此阶段不应再引入任何新话题。确认阶段占整个面试5%的时间，提一些开放式和封闭式问题，也可以提一些素质考核问题。

⑤结束阶段

此阶段是整个面试"最后机会"阶段。面试者要确保他的提问涉及了做出聘任决定所需的全部信息，可以给应聘者提问题的机会，通常为1至2个问题。面试官向应聘者说明下一步程序和大概时间，并感谢应聘者前来面试。该阶段占5%的面试时间。

（3）面试记录和填写面试评价表

在面试实施阶段，面试官在60%的时间内都是在提问基于考察关键胜任能力的行为性问题。行为性问题要体现STAR原则。STAR模式是背景

（Situation）、任务（Task）、行动（Action）、结果（Result）的字头缩写，是针对行为型问题进行追问、插话的一种面试模式。通过对被面试者的过去行为的了解来探究与所招聘岗位需要的胜任力相符合的素质特征。在面试时，面试官应重点记录应聘者在事件中担任的角色和所做的工作。最后，面试官要填写好《研究生会干事申请表》中的面试评价部分。

（4）结构化面试提问设计

①结构化面试提问方式

A. 开放式提问，让应聘者自由地发表意见或看法，以获取信息，如：谈谈你过去的工作经历。

B. 封闭式提问，要求应聘者对某一问题做出明确答复，如：你曾做过学生干部？

C. 清单式提问，鼓励应聘者陈述优先选择，以获取应聘者可能性或决策方面的能力，如：你认为某活动没人参加的原因是什么？

D. 假设式提问，鼓励应聘者从不同角度思考问题，发挥应聘者的想象力，以探求应聘者的态度或观点，如：如果你遇到这种情况，会怎样处理？

E. 重复式提问，让应聘者从不同的角度知道面试官已经接收到了应聘者的信息，检验获得信息的准确性。

F. 确认式提问，鼓励应聘者继续与面试官交流，表达出对信息的关心和理解，如：我明白你的意思。

G. 行为描述式提问，作为面试的一项核心技巧，又称为举例式提问。为避免应聘者编造假象，而就其过去工作经历中的特定例子进行询问、追问。基于行为的连贯性原理，提问并不集中于某一点，而是一个连贯的工作行为。如：做学生干部时，曾经面临的最困难的事是什么，你是如何考虑、分析，如何决策的，采取什么措施、如何行动，效果怎样。

②面试提问表的设计

基于高校研究生会的干事岗位分析和高校研究生会对干事与组织文化吻合度的关注，列出面试观察提问与评价要点。

（5）面试的注意事项

①双向选择。即面试双方的表现都很重要，面试官的表现优劣在一定程度上也决定了招聘到的人员水平的优劣；

②出其不意。在面试中提出一些应聘者意想不到的问题来了解应聘者的真实情况。

③科学规范。尽量用逻辑推理和概率计算法对应聘者进行评价。

在面试中要排除一些影响因素：首因效应、逻辑误推效应、光环效应、刻板效应、相似效应。面试后面试官也需要对自己的面试工作进行检查与回顾。

4. 做出初步录用决定

完成候选人评价环节后，参与评价过程的人员将对候选人的表现进行讨论和分析。面试评价小组成员综合候选人的评价分数和综合情况来初步确定录用人员。从职责分工来看，用人部门做出录用决定，招聘项目组则向用人部门提出建议。

（三）录用

1. 做出录用决定

人员录用标准：主要以岗位为标准，按照岗位说明的要求来评价选拔应聘者，实现人尽其才，才尽其用。

人员录用决策方法：按照"择优录用"原则，采取淘汰方式，根据不同需要赋以不同的权重，综合所有测试结果决定录用人选。

2. 通知应聘者

在通知应聘者时，研究生会应采用书面的方式通知，并且采用统一的表达方式：《研究生会录用通知》和《辞谢信》。

（1）《研究生会录用通知》包括首次见面时间、地点，"欢迎新成员加入研究生会"等措辞。

（2）在拒绝信函中，首先要表达对应聘者关注本组织的感谢，其次要告诉应聘者未被录用的原因归结为研究生会目前没有合适的位置，而不要归结为应聘者的能力和经验等因素。拒绝信的语言简明扼要、坦诚、礼貌，同时具有鼓励性，并表明与应聘者建立长期的联系。这样做，一方面可保持研究生会形象的统一，另一方面可以做到公平对待每一位应聘者，体现组织的"以人为本"的组织文化。

（3）见面大会

在结束面试后，应尽快召开全体干事见面大会，由组织中所有人进行自我介绍，同时介绍组织概况并安排各部门单独见面会。

（4）新成员试用和转正

在新成员试用期，用人部门制定考核表，作为评估新干事在试用期间表现的主要依据。在试用期满后交给负责人事工作的部门（暂定研究生会主席团），主席团审核考核表上的评估意见，与用人部门商量，做出正式录用决定，并让正式录用的干事填写《研究生会干事录用协议》。

3. 新成员培训

为了使新成员尽快融入组织，获取组织的相关信息，获得组织成员的认同，高校研究生会通过新成员培训方式来使新成员获得、建立起与研究生会文化相一致的态度、观念，通过综合客观地考察各种因素，从而切实达成新成员与组织文化的一致。它的目的在于将研究生会录用的干事由学生人转变为研究生会人。培训的意义在于：

（1）使新成员加深对管理学校学生组织情况的了解。通过培训，新成员能够更多了解组织的历史、活动、未来发展方向、目标、组织文化等信息，一方面他们会增强荣誉感，另一方面，可明确自己努力的方向。

（2）使新成员尽快地融入组织文化中。一个新成员在意识上和行为上融入了组织的文化中，才意味着他真正加入了管理学校学生的组织，他的努力方向才与管理学校学生组织的发展方向保持一致。

高校研究生会的新成员培训时间一般定为一周时间。培训由学生组织负责人、招聘项目组和用人部门通力合作、共同实施。具体内容可以是讲座、幻灯片播放、行动学习、素质拓展等。

（四）招聘评估

1. 招聘定性分析

主要从招聘渠道的成效、用人部门对招聘工作的满意度、新员工对招聘工作满意度等方面进行定性评估。可以用采访法的方式，通过编制一些问题，对应聘者和参与招聘的人员进行问题收集，对答案进行比较、分析，从而为研究生会找到经济、效果好的招聘渠道组合。

2. 招聘定量分析

按照招聘理论中各指标公式，将每次完成招聘后收集的数据进行相应计算并分析情况，以不断改进招聘效果，促使招聘有效实施，提供切实可行的操作。具体可以从数量、质量、时间、成本四个方面来制定评估模型。

由于作者从未进行过招聘评估，论文写作是在招聘完成后，许多数据收集的条件不能满足，故本文不能给出进一步的评述，此为本文遗憾之处。希望能够在今后，其他研究生会的学生干部通过使用此方案后，分析此方案的使用效果。我们也将继续跟踪，以完成此方案的研究，确保此次招聘研究的完整性与严肃性。

总的来说，在设计招聘评估的环节时应力使负责招聘的小组成员在招聘评估时能有条理、有规范地进行定性和定量分析，在设计表格和选取指标上尽量细化，并且综合运用，不仅对当年的招聘进行横向比较，还要对近几年的招聘活动进行纵向比较分析，这样一来，招聘项目组书写的招聘总结报告才能真正地、有依据地发现问题，并提出相应的措施解决问题，以在今后的招聘活动中节约招聘成本，提高招聘效率，使规范科学的招聘成为高校研究生会学生干部管理工作的特色之一。

四、结语

作者在高校研究生学生组织工作的时间较长，历经多次招聘新成员工作，在仔细阅读现有研究生会各部门《招新总结》的情况下，完成了《高校研究生会成员招聘方案设计》。该方案还需要在高校研究生会实施后进行跟踪，根据实施情况进一步修正和完善。针对高校研究生会招聘存在的问题，方案设计具有以下特点：

一是体现了研究生学生组织的战略目标。在招聘方案设计过程中，负责进行人力资源规划的招聘项目组以研究生会战略为中心，通过人力资源规划，明确了成员招聘需求，使各部门提出的人员增补申请有依据；选拔人才着眼于是否具备能够为研究生会未来提供持续竞争力的核心素质，而核心素质正是由研究生会的战略和组织文化提炼出来的，从而保证招聘方案的实施始终是围绕着甄选能够促进研究生会战略目标实现的人才而进行的。

二是规范了招聘流程和体系。为了使开发出来的招聘方案具有高效实用的运作价值，在设计招聘方案时，优先考虑了招聘的运作流程，明确了用人部门与招聘项目组（即企业中的人力资源部门）在招聘中的职责分工，力争以招聘工作来促进人力资源管理以及进一步可联系的相关工作的提高，使得研究生会的整个招聘工作能够顺利开展，提高招聘的有效性。

三是提高了招聘的准确性。本方案的提出依据研究生会战略，以人力资源规划确定招聘需求，以工作分析为考核标准，改变了过去用人部门凭经验确定候选人是否能满足职位要求的状况，加强了工作分析与招聘面试的联系，增强了对应聘者素质能力的测试，规范了人员招聘工作，能够在一定程度上提高录用决策的准确性。

参考文献

［1］边昌.人力资源管理视角下高校学生会管理制度建设探讨［J］.企业家天地下半月刊（理论版），2007（10）.

［2］陈维政，余凯成，程文文.人力资源管理［M］.北京：高等教育出版社，2004.

［3］胡君辰，郑绍濂.人力资源开发与管理［M］.上海：复旦大学出版社，2005.

［4］李明德.管理心理学［M］.成都：四川大学出版社，2001.

［5］廖泉文.招聘与录用［M］.北京：中国人民大学出版社，2002.

［6］刘善敏，詹新民.人员测评技巧［M］.广州：广东经济出版社，2002.

［7］刘晓红.人力资源管理创新与评价［M］.成都：西南交通大学出版社，2006.

［8］苏伟琳.人力资源管理视角下的高校研究生会干部管理探讨［J］.亚太教育，2015（07）.

［9］孙卫敏.招聘与选拔［M］.济南：山东人民出版社，2004.

［10］唐宁玉.人事测评理论与方法［M］.大连：东北财经大学出版社，2002.

［11］王益明.人员素质测评［M］.济南：山东人民出版社，2004.

［12］王璞，等.人力资源管理咨询实务［M］.北京：机械工业出版社，2003.

［13］夏业领，靳强.人力资源管理视角下的高校学生会发展新思考［J］.湖北经济学院学报（人文社会科学版），2014，11（10）.

［14］袁渊.人员素质测评课件［C］.2008.

［15］赵金秀，燕红.高校研究生会建设的实践探索［J］.教育发展研究，2005（07）.

［16］周三多，陈传明，鲁明泓.管理学——原理与方法［M］.上海：复旦大学出版社，2008.

［17］http：//www.chinahr.com.

［18］http：//www.chinahrd.net.

高校资助育人新模式：探究"引导型"资助体系的构建

丁 一[1] 庄 阳[2]

（北京第二外国语学院英语学院[1] 党委组织人事部[2]）

摘 要： 随着高校资助政策的不断细化，资助模式的不断探索与创新，以家庭经济困难学生为主体的资助模式成为主流。然而，忽视资助一方的建设，无疑使得资助效果大打折扣。探究高校资助育人体系创新模式，打造以"政府＋高校＋社会"为引导主体，以家庭经济困难学生综合素质发展为核心内容，以精准帮扶、大数据、系列引航或培育工程等为重要形式，以实现自我需求为主要引导效果的"引导型"资助体系对包括研究生在内的高校资助育人工作十分必要。

关键词： 高校；资助育人；引导型

一、"引导型"资助的必要性

满足家庭经济困难学生学业和生活需求，保证其顺利毕业往往是高校资助工作的核心。因此，围绕家庭经济困难学生开展相关资助工作，尤其是物质性帮助成为高校这项工作的重中之重。实际上，忽略资助主体自身建设，缺乏对家庭经济困难学生的引导和教育，不可避免使得资助效果大打折扣。而构建"引导型"资助体系却很有必要，具体而言：

第一，"引导型"资助强调在物质或资金支持基础上，更加体现育人功能。

然而，在高校资助工作中存在着重经济资助轻教育引导的现象，把为家庭经济困难学生提供经济资助作为解决其问题的最大法宝。这就使得通过资助途径无法达到思想政治教育的育人目的。实际上，学生资助工作是思政教育的途径，思政教育是资助工作目的。家庭经济困难学生在承受学业压力的同时，承受着巨大的生活和经济压力，其心理承受能力也往往较差。只有将资助和育人结合起来，最大限度发挥引导作用，体现育人功能，才能促进学生健康成长和不断发展。

第二，在高校，资助工作者往往以管理者身份处理学生资助工作，存在着"上下级"关系，从而缺乏平等的交流和对话，缺乏必要的引领。涉及资助工作的高校机关、院系和社会组织缺乏协同育人机制，导致资助育人工作形不成合力，甚至在缺乏系统协同育人体系情况下存在着相关组织或者部门间的反作用力。例如，在高校，资助工作者教育学生诚信为先，可能在企业提供的受助岗位中存在着企业"利益优先"文化，存在着"现实所见"和"学校所教"之间的差距。

第三，"引导型"资助体系更关注引导主体一方的建设，区别于引导对象，即家庭经济困难学生的资助建设。目前，全国各高校纷纷探索和完善资助育人方式，形成了各具特色的模式。如吉林师范大学提出"帮生活、帮学习、帮思想"的"三帮"原则；东华大学提出"经济保障、精神关怀、发展支持"三足鼎立的帮困育人模式；上海工程技术大学提出"五个一工程"帮困育人模式。[1]以上均从引导对象，即受助者角度探究模式开发及运用，忽略了政府、高校、社会作为主体一方的引导作用发挥。实际上，只有加强资助方的引导能力建设，才能更好地达到资助育人的效果。

二、"引导型"资助的内涵和特征

所谓"引导"，是指通过行为帮人走出困境，或是带着人向某个目标行动。[2]帮助人走出困境是引导的核心思想。"引导型"资助是指以立德树人为根本，以物质支持为基础，以着重资助育人为核心的内涵式教育，它是以国家、高校和社会为主体，以家庭经济困难学生为对象，通过主体协同驱动，采用多样化资助方式，让家庭经济困难学生的综合素质和能力得到提升，育人效果得到明显改善的资助模式。其主要特征有：

第一，更加强调资助育人功能。"引导型"资助在结合物质支持的基础上，更加注重教育的育人功能。通过资助途径，充分发挥思政教育的引导作用，让学生综合素质和能力得到有效提升，实现自我成长和发展。

第二，更加强调引导主体的作用。区别于以家庭经济困难学生为中心的资助模式，"引导型"资助更加注重国家、高校和社会作为引导主体的作用。

第三，更加强调体系化和联动化。"引导型"资助绝非某个具体措施，而是体系化的实施路径，包含着引导主体、引导内容、引导方式和要达到的引导效果。同时，更强调引导主体间的联动化，形成相互衔接、相向而行的引导路径。

三、"引导型"资助体系的构建

（一）引导主体

引导主体作为"引导型"资助的重要体现，包含国家资助管理机构、高校资助管理部门、院系学生工作部门、学生社团组织以及社会企事业组织。引导主体要形成以国家资助管理机构为领导，以高校资助部门或组织为主体，社会企事业单位有效配合的协同育人格局。尤其是要充分发挥高校和社会企事业组织的作用，将国家资助管理机构的相关政策和制度在落细落实的基础上，充分利用与学生接触的机会，在协同的基础上，实现有效引导。作为高校引导主体，学校资助工作者应改变"管理者"的身份观念，充分利用办理具体受助业务和其他学业、社团活动机会，与包括研究生在内的家庭经济困难学生平等对话，了解其学业、心理、能力发展等方面存在的问题，建立成长档案，把握育人规律和技巧，并为其提供关心和指导，从而实现良好的育人效果。在高校资助工作者的指导下，可充分发挥党员模范带头作用，使其成为引导主体。同时，高校应与社会各界，尤其是企事业单位建立广泛联系，共建培养合作计划。[3]例如，企事业单位可以与高校家庭经济困难研究生对接，为其提供实习实践、就业等方面的机会。

引导主体间在充分发挥各阶段、各组织自身作用的同时，应形成协同育人体系。为此，高校应起到中坚作用，沟通国家和社会相关资助部门，在引导内容上形成合力，为家庭经济困难学生提供正能量，更好地促进其全面发展。

（二）引导内容

"引导型"资助在结合物质性支持基础上，更突出强调资助育人效果，着力打造资助文化。更加注重研究生在学术研究之余的学业、心理、实习实践、政治发展、职业发展规划、情感、道德和价值观教育等，确保内涵式发展和教育内容的全方位引导。例如，可让家庭经济困难学生利用寒暑假积极参加社会实践或公益活动，引导其开阔视野、丰富社会经验。在资助文化建设上，应充分利用各种资助途径加强感恩、诚信、责任、励志、自信与竞先文化的熏陶。

（三）引导方式

引导方式作为"引导型"资助的实施路径，着重解决如何做的问题。首先，应做好精准帮扶。习近平总书记多次强调，扶贫工作要在精准扶贫、精准脱贫上下更大功夫。例如，精准帮扶研究生既体现经济上的帮助，也体现精神上的扶助。在精细化认定、界定家庭经济困难的基础上，应就每一个学生、每一个阶段、每一个问题进行引导和教育，真正做到全员、全方位和全过程育人。精准帮扶应建立"成长记录档案"，详细记录每位家庭经济困难研究生受助方式、成长经历和能力发展。其次，随着大数据时代到来，以往比较复杂的贫困生认定系统有了强有力的数据支撑，满足了家庭经济困难研究生的管理、跟踪、调查与分析的需要。[4]家庭经济困难学生的成长同样可以借助大数据，分析其成长轨迹和能力提升，大数据平台的构建不仅仅局限于研究生求学阶段，应与求学前后形成有效衔接。最后，实施系列引航或培育工程。在高校，学生的成长与发展应尊重个性需求并鼓励个性发展。只有在充分了解学生需求，并与家庭经济困难学生平等对话的基础上，通过实施系列引航或培育工程，才能有效促进学生成长、成才。例如，可将面向本科生实施的学业辅导提升工程、新生引航工程、学习型宿舍创建、示范班集体建设、党员先锋工程等有针对性的扩大到研究生群体，将"引导型"资助充分运用到具体活动中，让家庭经济困难研究生得到有效锻炼和成长。

（四）引导效果

"引导型"资助体系的构建虽不以家庭经济困难学生为主体，而是以引导者为主体，但更关注家庭经济困难学生实际需求和引导效果。只有以引导效果为标准，才能就引导内容和方式进行动态调整。根据马斯洛需求层次理论，人类需求按层次从低到高分为五种，分别是：生理需求、安全需求、社交需求、尊重需求和自我实现需求。尊重需求和自我实现需求是其中最高层次需求。通过"引导型"资助，将会让家庭经济困难学生、特别是研究生实现全面发展，人际关系愈加融洽，适应环境能力得到提升，心理承受能力得到加强，综合素质和能力得到有效提升，实现自信自立自强，从而达到自我实现需求。

参考文献

［1］黄建美，邹树梁.高校资助育人创新视角：构建多维资助模式的路径探析［J］.中国高教研究，2012（4）.

［2］百度词条.https://baike.baidu.com/item/引导/9408876?fr=Aladdin.

［3］黄燕，王林清，马彦周.参与式资助：我国高校学生资助工作发展的新阶段［J］.思想教育研究，2011（8）.

［4］吴丽仙.建立精准学生资助工作机制研究［J］.教育评论，2015（9）.

论朋辈辅导在研究生心理危机干预中的应用

张 迪

北京第二外国语学院党委安全稳定工作部

摘 要：近年来，研究生的心理危机事件引人深思。高校作为研究生心理健康教育和心理危机干预的主阵地开始积极应对，最常见的工作方式就是建立由专职心理教师、辅导员、导师构成的咨询防护体系。但是，在实际工作中，我们发现朋辈辅导因其自身的优势在研究生心理危机干预中有着无可替代的作用。

关键词：研究生；朋辈辅导；心理危机干预；应用

当前，在"科教兴国""人才强国"的政策方针引领下，研究生招生规模不断扩大，而与此同时社会的深刻变革和各种竞争的愈演愈烈，使研究生群体不得不面对更多来自学业、就业、情感等诸多方面的压力，一旦压力不能合理释放就会产生心理问题。近几年，高校因心理问题而产生的自杀、他杀等恶性事件常见诸媒体。为了更好地解决研究生的心理健康问题，高校最常见的工作方式就是建立由专职心理教师、辅导员、导师构成的咨询防护体系。但是，在实际工作中，我们发现朋辈辅导在研究生心理危机干预中有着无可替代的重要作用。

一、朋辈辅导的概念及优势

（一）朋辈辅导的概念

朋辈辅导起源于美国，又被称为"准心理咨询"（Paracounseling）或"非专业心理咨询（Paraprofessional Counseling）、同伴教育（peereducation）、辅

助性咨询（paracounseling）等，其理论基础是人本主义心理学和班杜拉的社会学习理论，主张把创建良好的心理环境和氛围放在首要位置，强调人们的行为能够通过角色示范来学习。"朋辈"包含了"朋友"和"同辈"的双重意思。"朋友"是指有过交往并且值得信赖的人，而"同辈"是指同年龄者或年龄相当者。因此，朋辈辅导是指由一个群体里有影响力和号召力的青年在他们掌握一定的心理知识和交往技巧的基础上，由他们对周围需要心理咨询帮助的同学和朋友给予心理开导、安慰和支持，提供一种具有心理咨询功能的帮助，可以理解为非专业心理工作者作为帮助者在从事一种类似于心理咨询的帮助活动。朋辈心理辅导可以作为学校咨询体系的延伸。

（二）朋辈咨询的优势

据中国青少年研究中心的调查报告显示，大学生出现心理问题时，首先选择的是向朋友倾诉（79.8%），其次是向母亲（45.5%）、同学（38.6%）、恋人（30.9%）、父亲（22.5%）倾诉，选择向心理咨询师倾诉的仅占3.2%。可见，朋友、同学是大学生在遇见困难或问题时首选的求助对象。朋辈之间年龄相仿、价值观、文化背景、生活圈子、人生体验等相近，对许多问题的理解和处理方式易于达成共识，因此朋辈辅导有着教师辅导所无法替代的优势。

1. 辅导者和受助者能快速建立良好的信任关系

相对于平时敬畏的师长和严厉的父母，共同学习、共同生活，经历相似的同辈辅导者更易于让受助者消除思想顾虑和防御心理，对辅导者敞开心扉，坦诚相待，因此朋辈辅导更容易被受助者接受，从而快速建立起良好的信任关系。

2. 有效构建大学生心理健康教育的第三级网络，整体提高大学生心理健康水平

2011年，教育部印发《普通高等学校学生心理健康教育工作基本建设标准（试行）》，要求高校应有健全的校、院（系）、学生班级三级心理健康教育工作网络。以学生为主体的第三级网络是高校三级心理健康教育工作网络最重要的一环，起到在学生中宣传普及心理健康知识、筛查心理问题个体的重要作用。朋辈辅导的"从学生中来，到学生中去"模式，可使高校心理健康教育工

作网络覆盖到每个学生个体，整体提高大学生心理健康水平，形成真正有效的第三级网络。

3.朋辈辅导形式多样，时间安排灵活，时效性高

朋辈辅导者与受助者共同生活在同一校园中，有些甚至是熟悉的朋友，因此辅导不受时间和场地的限制，可随时随处开展，具有极大的灵活多样性。根据辅导者与受助者的熟悉程度，辅导可以是在咨询室宣泄与倾听，也可以是在操场边促膝长谈，甚至是在宿舍里一吐为快，形式多变，不拘一格。朋辈辅导者就生活在受助者中间，因此能够及时发现身边同学的异常情况，进行有效沟通、劝导，在心理问题处于萌芽状态进行疏导从而避免发展为心理危机，在情况严重或有突发事件时，能够及时上报老师处理。

4.辅导者既能帮助他人也能获得自我成长

朋辈辅导被称为"准心理咨询"，因此辅导者需要经过严格的培训。合格的辅导者要具备基本的心理学理论知识、良好的沟通能力和技巧，善于察言观色，并能及时给出合理建议和指导，因此辅导者在帮助受助者的同时，自身人际交往、情感沟通、自我心理调控和应变能力都在不断得到锻炼，自身素质得到提高。这些经验与能力的获得是十分宝贵的，对自我成长帮助巨大。这些学生在未来的就业、工作和生活中都会因此而受益终身。

二、研究生心理危机干预体系中存在的不足

（一）从学校层面讲，研究生心理健康教育程式化，不够细致，缺乏针对性

首先，各高校普遍存在高估研究生应对能力的倾向。由于研究生年龄偏大、学习经验和人生阅历都比本科生丰富，因此很多导师和学生工作教师认为研究生具有自己解决问题的能力，对研究生的心理健康教育容易流于形式，未给予足够的重视，仅进行一些普及的宣传工作，例如心理咨询中心定期开展心理普查、心理讲座、网络宣传等形式。虽然常规的心理健康教育工作起到了一定筛查、教育、帮助的作用，但是对于那些个性敏感、不善表达、心理问题隐

藏较深的同学来说，普及性的心理健康教育或简单的咨询根本满足不了他们的需求。

其次，学校专职心理咨询工作人员严重匮乏。随着我国社会的转型，高校学生的心理问题日益突出，专职心理咨询师严重不足是每个高校都不得不面对的问题，而且部分院校的专职心理教师还要承担部分行政工作，因此在完成本科生的大量心理咨询工作后，很难有精力给予研究生群体更多的关注。

（二）从院系层面讲，研究生的心理健康教育存在盲点

根据一般工作分工，导师负责学生学业培养，学生工作教师负责思政教育和日常行政管理。就心理教育而言，似乎两者都责无旁贷。但是从现实的情况看，视教学和科研为己任的导师把学生学业培养看作是唯一任务，认为让学生具备较强的专业能力就是对学生最好的帮助；而身兼数职的学生工作教师则认为导师每周指导学生，与学生接触密切，有了心理问题导师会第一时间发现并帮助其解决，出现解决不了的问题才会向院系反映，因而，学生的心理帮助工作在一定程度上存在着盲点。

（三）从学生自身组织结构层面讲，研究生缺少班级归属感和敏锐的危机预警系统

在本科阶段，为了更好地普及心理健康知识和开展互助式心理健康教育，各高校都以班级为单位设立心理委员，并定期组织培训，然后再由这些经过培训的学生在各自的班级开展心理帮助活动，同时他们也承担着关注和上报所在班级同学心理健康状况的任务。但是，在研究生阶段，班级的概念逐渐模糊。相同研究方向的学生一起上课，通常人数较少，学习的方式也从知识型学习转为研究型学习，组织松散，个性化趋势明显。课后各研究方向学生的关系比较疏离，不像本科生班级那样有更多的集体活动，人际互动频繁，所以一旦有学生陷入学业、情感等困难时，抒发压力的渠道较少，很容易形成严重的心理问题。如果这类学生主动咨询意识薄弱，那么危机很难及时发现。

由上述分析可知，引入朋辈辅导理念，将有助于完善研究生心理危机干预体系。

三、朋辈辅导在研究生心理危机干预中的应用

（一）负责协助日常心理危机预防工作

在学校心理辅导资源不足，而院系心理辅导工作出现盲点时，朋辈辅导作为一种补充辅导方式，可以帮助教师开展研究生的日常心理危机预防工作。

朋辈辅导员从学生中来，又到学生中去，群众基础雄厚，易于建立亲信关系，沟通自然，便于开展工作。如果朋辈辅导员又恰好是学生干部或学生领袖，其感召力和感染力就会更强大，易于用自身的经历或相同的实践体验说服同辈、影响同辈，加快问题的解决。所以，我们在选拔朋辈辅导员时要注意挑选那些自身心理健康、开朗活泼、表达沟通能力强、学生工作经验丰富、责任心强、乐于奉献的学生。经过有经验的专业心理咨询师的定期培训，使他们掌握基本的心理咨询技巧。这样一旦有学生心理起了变化，他们就能第一时间发现并及时地对其进行专注的倾听、合理的劝导、励志的分析和真诚的安慰。这样，在大多数时候会有助于让身陷困境的同学恢复自己的思考能力和判断能力，将心理问题扼杀在萌芽阶段，避免心理危机事件的发生。

（二）负责开展日常心理健康教育工作

传统的心理健康教育活动已无法跟上新时代心理健康教育工作的步伐，过去那些程式化、固定化的心理教育活动已不能满足高校研究生心理健康教育需求，只有贴近学生实际、解决具体问题的活动才是受学生欢迎的。而朋辈辅导员作为学生的同龄人，最了解现阶段学生的需求与渴望，因此由朋辈辅导员发起和设立的活动易于被学生所接纳。

另外，朋辈辅导活动因其自身所具有的灵活性、自发性和互助性而使得活动的开展不受时间、空间和场地的限制。朋辈辅导员和受助者生活在同一空间，学习、生活体验类似，这一先天优势将有利于朋辈辅导员随时随地根据受助者的需求开展相应的心理健康教育工作，达到事半功倍的效果。

（三）负责辅助应对心理危机突发事件

心理危机干预系统再完备也无法杜绝危机事件的出现，一旦危机事件出

现，导师、学生工作老师以及专业心理咨询教师自然是处理危机事件的主力，但是在危机解除后，长期的帮扶、开导、关注、咨询工作就需要朋辈辅导员辅助教师开展。在以往的工作经验中，陷入心理危机事件的学生状态是极不稳定的，即使进行专业治疗，其后续精神状态的起伏也很大，导师和学生工作老师以及专业咨询师的辅导是无法实现全天候的，当教师的监护和辅导出现空白时就需要学生家长和朋辈的辅助关心帮助。而往往学生家长远在他乡也无法时时刻刻对受困学生给予帮助，这时朋辈辅导就是我们心理危机干预工作中最有益的补充。朋辈辅导可以随时随地根据实际情况开展，而且朋辈辅导员由于有了一定心理咨询工作的经验，可以根据受助者的咨询状态及时向教师汇报受助者的状况，进一步有助于密切防范心理危机事件的二度爆发。

四、结语

改革的深化与时代的进步呼唤高科技、高素质人才的到来。但是人才的"高"不仅要体现在专业技术上，也要体现在心理素质上。作为高层次的人才，研究生的专业技能培养一直备受关注，而其心理健康状况却常常被人们忽视。当高学历者心理危机导致自杀事件层出不穷后，社会各界一片哗然，深感惋惜、痛心。高校作为研究生心理健康教育和心理危机干预的主阵地应积极应对，努力克服方法单一、专业人员不足等现实困难。因此，朋辈辅导的引入将大大有利于研究生心理危机干预工作的开展，促进完整的研究生心理健康教育结构体系建设，是高校心理健康教育工作的有益补充。

参考文献

[1] 袁红梅,赵巍娟.朋辈心理辅导是高校心理健康教育的新途径[J].中国学校卫生,2007（6）.

[2] 黄小忠,龚阳春,方婷,李伟健.朋辈咨询的发展与启示[J].中国学校卫生,2007（12）.

[3] 许素萍,吕冬诗.大学生朋辈心理辅导[M].北京：科学出版社,2010.

第四篇

职业·就业

新媒体环境下研究生职业指导新工具推介

张丹丹

北京第二外国语学院中东学院

摘　要：研究生就业是社会关注的焦点之一，就业状况的稳定与否直接影响社会和谐发展。目前，微博、微信等新媒体已成为大学生生活和学习的主要工具，研究生作为当今社会高层次、高学历的特殊群体，也以自身独特的个性迅速融入网络环境中。高校通过新媒体加强学生教育管理十分必要。本文分析了新媒体平台对职业指导的重要性与可行性，探讨在新媒体环境下，有效利用新媒体工具创新研究生职业指导的应用范畴和面临的主要问题。

关键词：新媒体；研究生；职业指导新工具

新媒体是依赖于新的技术支撑而出现的媒体形态，包括专题网站、BBS、博客、微博、微信、手机媒体、聊天工具、数字杂志、数字报纸等。相对于报刊、广播、电视、信件等传统意义上的媒体形式，新媒体在传播速度、范围上有其不可比拟的优势。在研究生的日常生活中，新媒体已经成为研究生获取新知识、新信息的重要渠道。在新媒体环境下，有效利用新媒体工具创新研究生职业指导是亟待研究和解决的课题。

一、当前大学生对新媒体的使用情况

近三年，新浪微博、腾讯微信成为社交网络媒体的后起之秀。根据中科院心理所计算网络心理实验室和新浪微博数据中心在2013年8月联合发布的

《2013年中国大学生"微博"发展报告》，截止至2013年6月底，"微博"大学校园用户数已逾三千万；而微信是腾讯公司于2011年1月推出的一款通过网络快速发送语音短信、视频、图片和文字，支持多人群聊的手机聊天软件，短短三年间，微信用户已发展至接近6亿，其中年轻人是主要用户群体。

据调查，有一半以上的学生每人每天发送20条左右的微信。除了网络即时通信外，学生们更多地喜欢微信的传播媒介多样化与便利性，因而它也是时下比较潮流的联络方式之一。大学生热衷于即时通信和网络社区，即时通信、微博、论坛已成为大学生重要也是主要的联系交流和发表见解的工具之一。微信、微博、QQ空间、人人网是他们传递最新信息、表达个人情感的重要载体。因此，如何有效地借助新媒体技术引导学生拓展其学习、求职需求，如何借助新媒体技术帮助开展学生职业指导工作，已成为亟待研究的课题。

二、新媒体平台对于研究生职业指导的意义

据调查统计，微博和微信的主要用户群中，60%以上的用户具有本科学历，以18至30岁年轻用户为主，其中18至25岁的微博和微信用户占35.2%。年轻群体对新事物和先进科技的掌握和应用能力比较强，大学生是微博、微信等新媒体的主要用户群体。研究生使用微博、微信等新媒体体现出较强的个人空间的展示意愿，有较强的个体特征。新媒体也因其开放性、传播便捷的特征，使得研究生能及时、准确地获知各种企业招聘信息，迅速了解企业动向，减少求职的盲目性，大大降低了因信息滞后而做的无用功，提高了求职效率；另一方面，研究生可以借助微博、微信等平台向相关招聘部门投送简历，而招聘者亦可从筛选简历中节省出大量时间，从而提高了求职与招聘效率。

三、新媒体环境下的研究生职业指导策略

（一）利用新媒体平台，完善研究生就业心理教育

网络的开放性和便捷性，为研究生提供了更为广泛的就业信息和多样化就业渠道，与此同时网络对研究生的思想观念、价值取向、思维方式、行为模

式、个性心理产生着广泛而深刻的影响,其就业观、就业心理也在网络时代呈现出新的特点。面对当前严峻的就业形势,我国研究生在就业过程中呈现出就业压力过大、"精英情节"严重、就业能力培养意识淡薄、择业攀比情绪浓厚、就业价值观片面化和功利化等就业心理问题。在此背景下,应充分运用网络这一平台完善研究生就业心理教育,促进研究生就业,以更好地引领研究生这一进步青年群体,自觉把人生追求汇入中华民族伟大复兴的中国梦,这是高校网络德育的重要内容。

高校在研究生培养过程中,应开设就业心理辅导课程,并将心理辅导课程相关内容潜移默化到各门课程、各项活动中,强化就业心理教育。由于研究生群体相对较为分散,班级概念薄弱,很难将其组织起来统一开展课程辅导,因为传统的辅导课程容易受到时间和空间的限制,且一定程度上很难做到个性化服务。而网络的便捷性和有效性弥补了传统教育方式的缺陷,高校可通过网络对研究生开设在线心理辅导课程和心理咨询。高校可以将在线就业心理辅导课程纳入学生选修课程内,鼓励学生在学习其他课堂课程之余,加强对心理课程的在线自学。另外,高校应成立专门的心理辅导团队,加强对管理人员及有关教师心理学专业素养的培育,有组织、有秩序地在线对研究生进行心理辅导,引导学生树立正确的就业观,缓解其就业压力,提升其抗压能力,让研究生在就业前便做好相关就业准备、拥有良好就业心态。

(二)建立企业电子信息库、学生电子信息库,以高质量的信息数据保证高质量的职业指导

企业信息库需要职业指导教师长期积累,内容分为固定内容和动态内容。固定内容中应该包含公司概况、运营情况、用人理念等,最重要的要有企业的资质、营业执照等,要确保企业信息的真实性,这块内容可以长期使用,对所有学生开放;动态内容包括每个企业对人才的需求情况,即招聘信息,可针对学生具体情况开放信息收集方式。QQ好友、电话、Email等信息收集方式作为职业指导教师的日常媒体工具,为了企业信息库维护的便捷性,在QQ好友里建立"企业工作组"是很有必要的。

学生信息库主要是指即将走上实习岗位的学生信息，里面包括学生的个人信息、家庭信息、学习情况、担任社会工作情况、取得职业资格证书情况、获奖情况等，其实就是学生的就业推荐表上的信息。学生信息库也是指就业推荐表的电子信息库，这个是职业指导教师的常规工作。

（三）搭建"新媒体职业指导体系"，创新"精细化"就业服务模式

笔者结合所在学校实际，以服务就业为目标，以职业指导为导向，做精做细各项工作，搭建"新媒体职业指导体系"，构建了"学校就业指导中心—学院就业辅导员（研究生导师）—年级职业规划干部—班级职业规划委员—学生"的上下信息传递模式。学校就业指导中心、学院就业辅导员的官方微博、微信作为就业指导的主体；年级职业规划干部、班级职业规划委员作为信息的传递者需关注相关的学生个体，并及时将信息转发。学生的个人微博、微信只要关注了班级职业规划委员，通过阅读职业规划委员转发的微博、微信内容，即可及时掌握最新资讯。

特别要提到的是，研究生导师应关注学生就业状况和就业心理。研究生导师在培养研究生过程中，肩负的任务除了教授知识，也涉及学生其他方面能力的培养和生活、心理等各方面的教育。由于导师自身工作繁忙等原因，较少有时间与学生见面交流，在这种情况下，导师可以借助网络，例如通过QQ、邮件等，及时了解学生精神面貌，积极疏导学生心理，提高学生就业心理承压能力，发挥育人合力，帮助其更好地面对就业。

（四）利用新媒体的"共情"沟通效应，实施职业指导与帮助

在校学生的职业指导，主要以职业指导教师面对面的方式进行职业生涯规划主题教育，辅以QQ好友、QQ班级群、微信群等新媒体工具对学生进行职业生涯规划指导，引导学生通过就业网了解相关专业的企业背景和行业背景，了解社会政治经济政策和行规，初步了解职场。在校学生的具有特色的职业指导方式是：结合专业特色，按将来的职业方向，采用新媒体工具，提前对学生进行相关职业引导和职业能力的锻炼。

校外实习生的职业指导，主要以新媒体工具为职业指导方式，尤其以QQ

好友、QQ 班级群、微信群为主要工具。实习期间，行业的特殊性和具体企业的管理模式，限制了职业指导教师跟学生交流的模式。企业的考勤制度限制了学生返校的机会和时间，因此面对面的职业指导减少，每个学期一般为开学、期中、期末三次。其次，很多行业的企业管理模式限制了学生上班时间电脑上网的自由性。另外，工作习惯带来的学习习惯和交流惯性会不同于学校。因此，对校外实习生的具有特色的职业指导方式是：结合专业特色、专业教师参与、按职业方向采用新媒体工具贯通三条线。

借助新媒体的互动性和平等性，有利于拉近师生之间的距离，通过共同关注的兴趣话题等交流思想，达到"共情"的沟通效应。学生可通过微博@老师，或者通过微信直接与老师对话等方式，向老师提出有关职业指导的问题，避免面对老师产生尴尬局面而导致失去就业指导机会的情形。这种方式打破了现实生活中由于存在心理界限等原因而无法实现平等对话与交流的传统教育模式，实现了真正的平等的交流与对话。特别对于那些因学业困难、家庭困难而导致自卑情绪，且与他人交往较少的学生可通过这种方式侧面了解，为这样的同学提供学业、就业帮助。

综上所述，在新媒体技术日益丰富的时代，将新媒体技术引入研究生职业指导工作是非常有意义的。辅导员应该以新媒体平台作为工作阵地，紧跟时代步伐，与时俱进，充分发挥新媒体的各种优势，将各种新媒体技术优势相结合。同时，力求与传统的工作模式相协调，全方位、立体式、多渠道地开展职业指导工作。

参考文献

[1]王麒凯,蔡耀龙.微博:高校生涯教育和就业指导的新载体[J].中国大学生就业,2012(4).

[2]雷旭斌.浅析新媒体环境下大学生就业指导的创新[J].中国市场,2013(21).

[3]黄路明.新媒体时代促进高校就业工作的策略研究[J].中国报业,2012(10).

[4]乔丽萍.3G时代微博平台在高校就业指导工作中的应用探索[J].商界论坛,前沿探索,2013(13).

[5]高曙先.浅谈新媒体视域下的"90后"高校毕业生就业[J].北京教育(高教版),2012(4).

研究生就业压力与调试策略研究

屈 娜

北京第二外国语学院党委学生工作部

摘 要：我国硕士研究生毕业人数逐年增加，在就业形势日益严峻的今天，硕士研究生的就业状况不容乐观，甚至出现就业和学历倒挂的现象。诸多研究表明，研究生的就业压力摆在了各种压力源的首位，这种压力来源于就业观念、期望同就业现实的失调，还来源于就业欲望和需求同外部环境的失调，因此，可从自我调整、发挥社会支持系统的作用、营造社会公平就业环境入手缓解研究生就业压力。

关键词：研究生；就业压力；调试

一、研究生就业压力问题的提出

（一）研究生就业现状

根据《2014年全国研究生招生数据调查报告》，从1999年开始，我国研究生招生人数逐年递增。2013年我国硕士研究生招生计划人数已达到53.9万人，比2012年增加2万多人，增幅为4.2%。硕士研究生招生规模逐年增加使得更多人获得进一步深造的机会，但因为缺乏有效质量控制，宽进宽出，直接造成硕士学位含金量不断降低，与此同时研究生就业率、薪酬也不断走低，读研所带来的价值不断遭受质疑，也直接影响了读研的热情。[1]

而全国高等学校学生信息咨询与就业指导中心发布的《全国高校毕业生就业状况》似乎印证了上述报告的分析。从考研人数首次突破百万的2005年开始，一直到 2009 年，硕士生就业率连续下降。2009 年和 2010 年，硕士生的就业率甚至不敌本科生。一份来自江苏省人才市场的统计也表明，2011 年高校毕业生中，硕士研究生就业率为 86.6%，本科生为 90.3%，专科生为 94.1%，硕士生就业率比专科生低近 8 个百分点，就业与学历呈现出倒挂现象。[2]

（二）研究生就业压力的凸显

2010 年 4 月，北京青年压力管理服务中心联合新浪网推出了"2010 大学生就业压力调查问卷"。在专科生、本科生、硕士生和博士生四类被调查人群中，硕士学历的被调查者成为压力感受最强烈的人群。[3]

李沁与刘海鹰合著的论文《研究生就业压力调查报告》中也显示，在压力源的七个维度中，就业压力排在了首位，成为研究生的最大困扰。[4]

表 1　研究生压力源的总体状况

压力源	平均数	标准差	位次
就业与前途	2.39	0.70	1
经济	2.34	0.70	2
学业	2.22	0.65	3
其他	2.04	0.78	4
家庭关系	1.96	0.59	5
婚姻爱情	1.65	0.79	6
人际交往	1.55	0.64	7

二、研究生就业压力的界定及成因

（一）研究生就业压力的含义

美国著名压力管理专家沃特·谢弗尔认为，压力（stress）是个体生理和心理上的唤醒，这种唤醒是由于施加于他们的需求所导致的。[5]而压力则分为中性压力、不良压力和积极压力。本文所指的研究生就业压力，特指不良压力，是指研究生在就业过程中所唤醒的欲望和需求未得到有效满足，从而产生的不适的身心反应。

（二）研究生就业压力的成因

由定义可以看出，研究生就业过程中产生压力的主要原因来自以下两个方面，一方面，来自个体内部不同的欲望和需求之间的失调，另一方面来自这些欲望和需求同外部环境之间的失调。具体分析如下：

1. 就业压力体现在就业观念、期望同就业现实之间的失调

（1）就业观念与就业现实的差距

研究生在经历了考研成功后，比起本科生有一定的心理优势，他们认为在经历三年的学习后理应找到更好的工作单位，并且倾向于选择国企、事业单位等较为稳定的工作单位，在就业地域上多选择经济发达地区。在当前就业市场中，中小企业成为吸纳毕业生的主流单位，成为用人的主体，尤其近几年随着国家政策的调整，事业单位及公务员招聘人数缩减，而北上广等大城市控制城市发展规模，这些现实状况都与研究生的原有的就业观念存在一定的冲突。有调查表明，在就业地区上，高校毕业生中有61.7%的人选择大城市和经济发达地区，选择内地中小城市的有35.8%，而选择乡镇的仅占2%。从对薪水的期望值来看，选择1000元以下的低于1.1%，选择3000元以上的占1/4多。在就业单位选择上，研究生选择事业单位的占50%以上，选择去外企的毕业生占31.8%，选择国企和民营企业的占很小的比例。因此，在择业过程中，当理想与现实发生矛盾的时候，有些研究生因不能及时调整就业期望值而产生就业焦虑心理。[6]

（2）就业期望与就业现实的差距

相关调查显示，有近50%的本科生考研的目的是为了暂缓就业或者增强就业竞争力，在众多考研目的中，就业因素占比较大，考生报考越来越看重就业方面因素。[7]

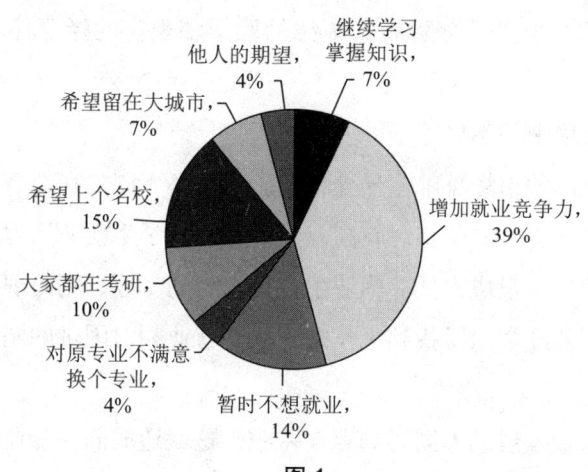

图 1

资料来源：中国教育在线"在线调查"

而用人单位越来越趋于理性，越来越追求毕业生的能力和综合素质，学历不再是唯一的考量因素，因此，对于部分靠考研来缓解就业压力的本科毕业生来说，发现研究生学历并没有带来预期的效果，当再次不可逃避地面对就业问题时，其压力必然会增加。

2. 就业压力体现在就业欲望和需求同外部环境之间的失调

（1）社会就业环境下的不平等

不可否认，在当今择业环境中存在一定的不公平现象。"拼爹"现象似乎已经成为学生的公愤。平时各方面并不突出的同学因为某种"关系"而进入了令人羡慕的工作单位。面对就业环境出现的不公平，一些研究生经常私下里牢骚满腹。据对"您感到自己现在缺乏的是什么？"的调查，被调查的研究生中，27%的同学答缺"关系""钱"。[8]根据对"择业环境中的不公平现象感到愤懑"的调查发现，强烈与非常强烈的占34.4%，这一比例是比较大的。另从中国政法大学教授蔡定剑和其他来自北大、清华、中国社科院、政法大学等24位学者从事的一项反就业歧视调查问卷中获悉，有85.5%的人认为存在就业歧视，其中认为严重和比较严重的占58%。[9]由此可以看出，择业环境中存在的不公平问题普遍存在，各界应给予足够的重视。[10]虽然个人希望施展抱负展现才华，但进入理想就业单位的愿望和现实的择业环境存在一定的失调。

（2）学校环境中的不平等

不同专业之间的市场需求差异导致学生就业率不同。在经济飞速发展的今天，经贸类专业、工科专业相对较高，这些专业的学生就业压力相对较低。而如法学、管理学等开设成本低，毕业生数目较大的专业，则出现供大于求的现象。当自己身边的同学纷纷找到工作的时候，就业相对困难的同学难免出现焦虑情绪。

另外不同行业发展的不同时期存在差距，这就造成同一专业的同学在不同年级产生心理冲突。比如外语行业，受到国际环境的影响，导致对不同的语种需求在不同的发展时期存在差距。以日语和阿拉伯语为例，在中日关系紧张的今天，日语专业的研究生就业受到一定的冲击；阿拉伯语也是如此，阿拉伯地区不断动荡，导致经济发展停滞，对阿语人才的需求也急剧降低。这就导致前几年就业红火的专业，近几年可能出现就业低潮期。当满怀信心就读本专业时，带着老师与学生描绘的美好未来，然后发现出口并没有想象的那样美好，这同样会给学生带来巨大的失望。

三、缓解就业压力的对策

（一）全面认识自我，及早进行职业生涯规划，调整就业观念及期望

部分同学在研究生入学以后，没有充分认识研究生就业形势的严峻，而忽视对自身的规划和发展，导致在就业时出现目标不明确、方法不得当等问题。因此，应加强研究生的自我认知，通过三年的时间更好地了解自身的优势和劣势，了解就业市场的需求，以便及早对自身做好规划。此外，有条件的高校可以开设针对研究生的就业指导课程，以便研究生及早进行职业生涯规划。

有学者发现，就业压力和目标就业地有一定的关系，所谓目标就业地是指研究生在就业过程中所希望就业的地域。通过比较发现，目标就业地越发达，研究生在就业过程中的心理压力越大。这主要是因为大中城市的就业竞争更加

激烈，虽然研究生学历层次不低，但是仍面临较大压力。[3] 因此，应及时调整研究生的就业观念，突破地域对人的限制，择业时充分考虑二三线城市及基层的优势，调整原有的就业预期，降低就业过程中的压力。

（二）增强自身实力，提高综合素质

在研究生就业过程中，用人单位不再仅仅看重学生的学习科研能力，而更加看重学生的综合素质及素养，因此，研究生在科研之余，还应该丰富课余生活，掌握多项技能，不断提高自身综合素质。对于学校而言，应培养复合型的研究生人才，为研究生综合素质的提升提供机会和平台。只有研究生自身素质过硬，才能在择业过程中树立自信，肯定自身价值。

（三）充分发挥社会支持系统的作用

林梅、杜宁、余红三位的研究表明，社会支持作为个体应对压力的一种主要资源，在一定程度上能缓解毕业生的就业压力感受，增强心理承受力。[11] 王德强的研究表明，积极认知评价、心理控制源和社会支持与大学生就业压力有显著负相关，而消极认知评价、心理控制源和社会支持与就业压力有显著的正相关。[12] 因此，应加强研究生朋辈资源的利用，建立就业互助小组，共享就业信息，形成良好的就业氛围。此外，研究生导师、辅导员等也应该定期关注学生就业动向，关注学生就业心理，为学生就业提供各项便利，为研究生就业提供有效的社会支持。

（四）建立公平的择业竞争环境

研究生就业市场是一个系统的工程，不仅关系到学生本人，更关系到千家万户，关系到整个社会人才能否有效合理地利用。因此，应加强政府监管，完善相关法律法规，保障研究生的合法权益，保证研究生在就业过程中受到公平合理的待遇。用人单位应公开用人标准，明确招聘流程，保证招聘过程中做到公开、公正、公平。学校应完善就业平台，提高就业政策宣传力度，加强就业引导，为研究生提供良好的就业服务。此外，还要不断完善就业市场，开展多渠道、多层次的就业服务，及时有效地发布相关信息。总之，研究生就业是个系统的工程，需要学校、政府、用人单位、就业市场等有效地衔接与配合，以最便捷的就业程序，最温馨的就业服务为研究生就业提供良好的就业环境，从而减轻研究生在就业过程中的各项压力。

参考文献

［1］2014年全国研究生招生数据调查报告［Z］.http：//www.eol.cn/html/ky/report/a2.shtml.

［2］学历越高求职越难全国研究生就业率不敌本科［Z］.http：//news.xinhuanet.com/edu/2013-01/10/c_124210315.htm.

［3］庄莉，蔡琼霞.就业与创业［J］.高校辅导员学刊，2011（3）.

［4］李沁，刘海鹰.研究生就业压力调查报告［J］.山东省团校学报，2013（5）.

［5］［美］沃特·谢弗尔.压力管理心理学.4版［M］.方双虎，等，译.北京：中国人民大学出版社，2009.

［6］齐新.研究生就业焦虑及其调试策略［J］.聊城大学学报（社会科学版），2008（2）.

［7］2014年全国研究生招生数据调查报告［Z］.http：//www.eol.cn/html/ky/report/c.shtml#c3.

［8］林岳新.当前高校学生心理压力源探析［J］.青年研究，1998（7）.

［9］张美琦.学者称公务员招考歧视明显［N］.深圳新闻网，2006-12-19.

［10］张雪浪，戎向东.浅析研究生就业压力成因及调适［J］.兰州学刊，2010（3）.

［11］林梅，杜宁，余红.大学生就业心理压力与社会支持作用［J］.中国初级卫生保健，2004（12）：82-83.

［12］王德强.认知评价、心理控制源、社会支持与大学生就业压力关系的研究［J］.中国健康心理学杂志，2007（12）.

试论职业指导在促进高校学生就业工作中的作用和重要性

——以北京高校女研究生为例

庄 阳

北京第二外国语学院党委组织人事部

摘 要：职业指导一直在高校学生就业工作中扮演着重要角色。面对女研究生就业问题，应当强调职业指导在学生就业工作中一贯的价值。通过选取北京高校女研究生职业指导作为典型加以分析进而总结对策，可以较全面地归纳职业指导对高校学生就业工作客观而有效的作用和重要而积极的影响，并深刻阐发职业指导在促进高校学生就业工作中的作用和重要性。

关键词：职业指导；女研究生；就业

自研究生[①]扩招以来，伴随着我国毕业研究生人数的不断增长，曾经相对乐观的研究生就业形势发生了很大变化，多数高校的研究生就业早已不如人意。而随着研究生持续扩招的趋势不减，女研究生的比例也逐年扩大。女研究生的毕业人数在持续增加，而社会提供的工作岗位却没有同步增加，这样就造成了女研究生的毕业人数供大于求，导致女研究生的就业形势大不如前。尤其

---

① 文中研究生专指硕士研究生。

是在高校众多、人才济济的北京，女研究生就业压力显现的更加突出，必须高度重视并加以解决。这就需要北京高校在就业工作中更好地了解女研究生的就业期望与择业心理，从而更好地了解女研究生就业所面临的问题。而职业指导是就业工作中最重要的部分，发挥着重要作用。

职业指导指的是"为求职者就业、就业稳定、职业发展和用人单位合理用人，提供咨询、指导及帮助的过程"。通过高校职业指导，一方面基于其工作内容强调过程性、阶段性、教育性，从而产生了促进身心健康和职业挂念的共同发展、个体社会化与职业选择的共同实现等方面的影响，对女研究生的就业工作能够发挥积极作用；另一方面，职业指导强调指导对象包含求职者和用人单位双方，强调目的是促进个体的职业发展与用人单位的人尽其才，涉及多个领域的工作，从而对影响女研究生就业工作的各种因素产生不同程度的作用，对就业工作其他方面的落实和变革都有促进，成为对就业工作最具能动性的部分，使得其本身对女研究生就业工作的积极作用扩展开来。因此，职业指导是女研究生就业工作重要的价值关键点，对女研究生就业工作发挥着客观存在而切实有效的作用。

一、北京高校女研究生就业的严峻形势及归因

随着北京高校相关政策的整合以及人才市场供求的变革，女研究生的就业问题也伴随产生且形势严峻，具有一定的代表性。

（一）北京高校女研究生就业工作的严峻形势

北京高校女研究生就业工作的严峻形势主要包括以下几个方面：

1. 就业难问题广泛存在，越来越深化

一方面，女研究生就业难的典型问题突出。第一，女研究生初次就业率不高。由于学科特点，一些高校研究生中女生数量巨大。尽管女生多，但一些北京高校女研究生在学历相同、能力相当的情况下，相对于男研究生的就业情况，初次就业率仍较低。第二，女研究生就业缺乏保障。由于初次就业率低，有些女研究生不得不接受一些用人单位利用当前就业形势紧张而提出的非书面

的、违法违规的人事管理要求，例如一些北京高校女研究生毕业后给学校的就业反馈中，相当大比例地存在不得不接受对生育的苛刻限制，给女研究生就业带来负效应。

另一方面，女研究生就业难的问题日益深化。第一，女研究生就业专业不对口，所学知识得不到应用。由于就业市场的供求关系、岗位需求特点，很多女研究生的择业观念发生了改变，大量女研究生寻找从事的工作与自己的专业根本无关，一些北京高校学习翻译专业的女研究生，从事与专业相关工作的不到当年毕业女研究生人数的20%。长期的专业知识学习得不到应用和发展，不仅使学生自身质疑研究生存在的必要性，而且导致专业人才的浪费。第二，女研究生离职率高，工作经验积淀处于空白。由于就业压力不断增大，很多女研究生为了将来稳定的生活，秉着"先就业后择业"的思想，首次就业单位大多是不稳定的、薪资待遇达不到期望值的工作单位，所以很多女研究生在工作两三个月后会离职，寻求新的工作岗位，致使一些北京高校女研究生的改派比率平均高达15%，不仅使其个人不能积累较多的工作经验，而且使用人单位对一些北京高校培养人才的责任心产生了怀疑，影响一些北京高校的形象。第三，女研究生不主动就业或者放弃就业。部分大城市的女研究生，家庭经济条件相对较好，加上长期游走于国际化的高等教育环境中，对自身的评价过高，导致其认为那些展现不了自身作为"研究生"的专业价值和社会地位的工作，宁可放弃。还有些学生本身专业能力不足，却执意出国和读博，屡战屡败，不仅错过了找工作的好时机，也丧失了找工作的热情，最终放弃就业。

2.就业心理困惑越来越凸显，呈现复杂化趋势

一方面，自身评价保守，导致职业期望矛盾明显。一些北京高校女研究生对薪资期望值低于男性，承认现实，对自身有一个合理定位，但就业观念现实保守，求稳心态明显，片面认为通过攻读学位就应该实现就业方面的突破，对薪资水平和福利的期望值过高，而一些北京高校尽管实行奖学金制，但研究生不同专业学费差异巨大、奖学金无法有效代偿，故研究生期间的学习成本又加剧了这一问题，导致职业期望矛盾。另一方面，就业压力大，出现自卑和焦虑

心理。目前，一些北京高校女研究生的应聘成功率越来越低、解决进京指标越来越难、签约时间越来越晚，在北京这本是个普遍现象，但一些北京高校女研究生在就业过程中除了承受上述压力外，还会受男朋友、配偶、家庭等因素的影响，导致其面对就业压力时，出现担心失去他人尊重的自卑心理和急于改变现状的焦虑心理，最终导致求职疲劳现象。

（二）北京高校女研究生就业严峻形势产生的原因

北京高校女研究生就业严峻形势产生的原因是复杂多样的，具体可以归纳为以下三个方面：

1. 社会因素

第一，政府政策因素。首先，"双向选择"的就业政策是以市场为导向，优胜劣汰，从而迫使女研究生必须适应这种变化，有竞争就有淘汰，必然会导致一部分人在就业上止步不前。其次，扩招政策执行后，出现了部分高校培养的硕士研究生素质下降的问题，一些北京高校在这一过程中，没有严格遵守研究生教育自身发展规律，导致女研究生素质降低，就业困难。最后，尚未建立完善的针对女性职工的退休、生育问题等的相应保障体系，导致女性职业生命周期短于男性、生育期间的费用和工资均需用人单位提供等问题，无形中也增加了用人单位的成本，不利于用人单位对女研究生的吸收。

第二，市场供求因素。随着社会的发展，市场对复合人才的需求量也大大地增加，这就要求研究生多才多能，吃苦耐劳，但是一些北京高校女研究生根本达不到这个要求。在经济环境的影响以及文科毕业研究生的社会需求相对不足的现实情况下，一些北京高校无法及时培养"适销对路"的高学历人才，产生供求矛盾，加大了研究生就业难度，尤其是女研究生的就业困难。此外，产业结构重组，第三产业尤其是低端服务业快速发展，有效满足了从第一、第二产业分离出来的低技能女性就业的需求，但也将其定位在低端就业行列。而女研究生因其教育成本等原因，是不愿去这样的行业就业的，特别是由于一些北京高校女研究生参与的社会活动和校外项目频繁，接触到的高端事务反而加剧了其虚荣心，结果就业时高不成、低不就，体现在就业市场上，演变成低端职业领域女研究生被低技能女性取代，高端职业领域女研究生被男研究生打压。

第三，用人单位因素。用人单位看重成本与效益，通过对自身成本收益分析，追求以最小的成本获得最大的收益，招聘工作也同样追求收益大于成本。女研究生的使用价值因生儿育女等非生产性工作而低于男性，且因为年龄原因，生育的欲望和家庭的责任会更明显影响其工作的可能性较大，导致用人单位不愿招聘女研究生，女研究生就业难的现象愈加凸显出来。特别是"资源产生权力，资源的动员赋予行动者处理事务的权力"，人才市场女研究生供大于求，更赋予了用人单位选择的权力。同时，尽管一些北京高校长期向国家机关及事业单位大量输送女研究生人才，但相当一部分原对口单位正在内部改革，压缩编制，精简人员，降低了对其招聘主要对象——女研究生的吸纳能力。

第四，社会文化因素。就业社会歧视问题突出。一方面体现为对院校类别的就业歧视，大量优质单位在招聘条件中或多或少曾要求应聘的研究生至少是"双一流"高校或"211工程"院校毕业，从而减少了一些北京高校研究生的就业空间。同时，一些北京市属非双一流高校本科招生为全国重点院校，招生质量和学生北京生源情况比较积极，但正因为非双一流，所以研究生招生吸引力不足，所面对的主要群体的质量难于保证，同时北京生源的学生也要比本科少很多，加上研究生学历层次高，年龄偏大，对就业单位的稳定性要求高，解决大城市特别是北京市户口仍是毕业研究生就业选择的首要考虑因素，导致就业率特别是就业质量难于保证，并进一步加剧一些北京高校女研究生的就业困难。另一方面体现为对女研究生的性别歧视。市场经济条件下，社会劳动才是唯一受市场承认的劳动。生儿育女、操持家务等家庭劳动，不能带来用人单位在市场意义上的收益，相反还会占据一定的时间与精力。用人单位追求利润最大化，必然倾向于雇用男性劳动力，性别歧视的存在就有了现实动力。当前，因为性别原因，女研究生就业遭受歧视的例子屡见不鲜，其职业发展常处于社会不利地位。例如，女研究生在招收录用时，要面对相同职位不同报酬、相同要求不同对待且常常遇到明确标准阻碍其得到工作等问题；女研究生在培训与晋升中，获得社会与企业的职业培训少于男性、培训时间短、培训层次低、受训门槛高。特别是女研究生的年龄障碍更为明显,常因此在工作一段时间后,被安排在副职、虚职、辅助部门,待遇也低于男性。虽有相关立法,但执法、监督力度不够,而且尽管直接歧视在减少,但间接歧视仍然存在。例如,"劳动力市场中仍然存在着间接的性别歧视,这主要表现在男性毕业生拥有较高的求职面试比",使女性在就业中处于不利地位。这些问题,一些北京高校女研究生也不得不面对。

另外,社会传统文化压力严重,没能以很宽容的胸怀来接纳女研究生。"在任何情况下,分工都不限于经济上的收益,它的意义首先在于它构成了社会和道德秩序本身",就业歧视的现实,进一步加剧了社会传统文化对女研究生就业的压力。在中国传统文化中,贤惠温淑、相夫教子是社会对女性的更多期待。传统文化对女性家庭责任的要求远高于男性。即便在现代社会,传统文化依然要求女性在做好家庭主妇的同时还要做职场精英。通常女研究生的学习、工作年龄都是女性结婚生育的最佳年龄段,因此女研究生读书时,背负着取得高学历和收获美满婚姻的双重家庭压力;就业时,面临着寻找工作和找归宿的双重压力。在长期的双重角色压力下,本就受到就业歧视的女研究生,很容易在就业困难面前退缩,加上媒体、网络等对就业难的过分宣传,导致在职场上女研究生往往表现出安于现状缺乏进取心和竞争意识的状态,原本颇具潜力的职业规划被逐渐蚕食。尽管一些北京高校女研究生接受了大量的国际文化熏陶,但其就业环境的整体文化氛围还没有那么开放,两种文化的冲击更加强烈,导致一些女研究生受社会传统文化压抑的程度更剧烈,更不利于其理性就业。

2. 高校因素

第一,学科建设不合理。研究生培养单位作为国家高层次的人才培养基地,其制定的培养目标和培养方案将在很大程度上决定高层次人才培养的质量。然而无论质量如何,就业市场对不同专业的硕士研究生的需求数量情况是在不断变化的。一些北京高校学科发展不全面也不平衡——传统优势学科发展后劲不足,新学科群优势尚未形成。部分学科专业发展较为缓慢,新学科新专业总体上较为薄弱,学科专业间的交叉渗透还需加强,学科综合优势尚未充分发挥,学科与专业结构的设置滞后于我国产业结构的调整和社会人才需求的变化,专业设置、学科结构与社会需要存在一定的差距。一方面,传统优势学科有着雄厚的基础,但有影响力的特色学科太少且特色不突出,前沿的研究方向有但不足,而一些适应经济发展需要的新兴学科却没有。这些传统学科的女研究生,受有限的社会需求所限加大了她们的就业难度,使得她们的就业率低,就业质量也差,可供选择的就业岗位少之又少。另一方面,还有一些非学校优势的纯理论专业,其教育内容已经明显陈旧,导致研究生毕业后无用人单位招聘,这种专业出身的女性更难找到对口的工作,造成办学资源的严重浪费和办学质量的负面影响。此外,一些高校培养目标单一,过分考虑促进学科发展和学术研究的问题,而忽视研究生的职业专业技能的培养,轻视研究生在校园活动中的锻炼,导致培养出来的许多研究生缺乏就业能力。

第二,培养教育质量差。随着研究生规模的扩大,一些北京高校师资的数量与质量以及开展科研的物质条件已不能适应现实需求。指导研究生是一项艰苦的工作,大量导师由于从事社会兼职等活动,并没有把全部精力用在科研和教学上,不仅影响到教学质量,而且影响到培养质量。培养硕士研究生,导师所承担的责任是不可推卸的。一些北京高校硕士研究生人数增加,导致部分学科研究生导师紧缺,致使一些不符合标准的教师也混进了研究生导师队伍。这些导师在自己的专业领域还研究不足,如何保证硕士研究生的综合素质?还有一些兼职导师带硕士研究生,主要来自高校、科研院所、政府机关、企事业单位,指导研究生在时间上难以保证,当面交流的机会少得可怜,培养质量更无从谈起了。特别是,由于女生多,在研究生培养过程中,个别导师特别重视培养男研究生的学术能力,而忽视了对女研究生的关注,导致其科研潜能和创造潜能的荒废,进而削弱了其竞争力。此外,基于我国实际,硕士研究生的价值在于综合素质而非学术水平,但一些北京高校由于课程设置不够科学与合理,且从政策上不重视各类提升研究生综合素质的活动,导致硕士研究生学非所用,且实践课程都并未能获得好的学习环境情境,造成硕士研究生素质不断下滑，这对于适合从事操作性、应用性行业的女研究生无疑是巨大的消极影响。另外，研究生培养模式不够灵活，社会对女性的年龄要求苛刻于男性，提前毕业对相当一部分应用型发展方向的优秀女研究生是福利，可一些北京高校学制落后，不允许提前毕业，专业型硕士固定为两年制，学术型硕士固定为三年制，忽视社会需求，游离于社会经济和市场发展现实之外，导致其在就业中处于劣势地位。

第三，职业指导不到位。职业指导的质量对女研究生的就业会产生较大的影响，关系到女研究生的就业准备、就业价值观、就业能力和就业结果。然而，一些北京高校一直以来都对研究生的就业指导工作关注不多，以至于造成一些北京高校本科生就业指导内容丰富且常态化，专门针对研究生的就业指导却几乎没有，而针对女研究生的就业指导更是一个空白。有些高校研究生职业指导没有融合于学校整体研究生教育体系之中，有些高校不重视研究生生涯教育，未向研究生开设职业指导课，没有将职业规划列入研究生非学位课程，没有明确研究生生涯发展培养目标，更没有在研究生专业教育中贯穿和体现生涯发展理念，职业测试从未在研究生群体开展。同时，有些高校无研究生的就业网络平台，职业指导内容和形式单一，仅有就业工作的讲座和就业手续的讲解，且职业指导人员数量不足，缺乏职业指导评价考核指标体系，导致硕士研究生 80% 以上不了解就业政策，缺乏必要的择业方法与就业信息，职业指导理念仍然停留在将职业指导等同于就业手续办理的阶段，是程序性、被动性、经验性的指导，而非职业生涯指导，不能为研究生成长和事业的发展提供人生导航。这对于习惯于从身边和从网上大量获得信息的女研究生，造成就业障碍。

3. 个人因素

第一，思想理念偏差。一方面，作为新时代的女研究生，思想观念活跃，职业兴趣多元化，择业方式多样，求职渠道社会关系与网络并重，就业意向在重稳定的同时倾向自主，勇于选择有挑战性的工作；但盲目追求新事物，表现欲望强烈，心理承受能力差，责任意识弱化且做事功利化，知行脱节，学习能力欠缺，团队合作能力不强，导致就业有勇气没信心，造成浓厚的从众心理，面对激烈的就业竞争往往随波逐流，产生思想观念上的矛盾。另一方面，传统的女性观念束缚着女研究生的思想。辞去较好的工作而去一个既不是自己理想的去处，也不是熟悉领域的地点，而是一个因为爱情所以才有意义的、不知未来的场所，"令人感动"的同时，这显然是一个不理智的选择。然而拥有这一选择的女性却在一些高校女研究生中不占少数。这是因为，对于大多数女性来讲，家庭是最终的归宿，追求事业的成功只是为了得到家庭的幸福。而且，在女研究生的价值观中，获得一位有地位、有经济实力的男友，相当于直接占有了优势社会资源，比靠自己争取事业成功从而获得社会资源的成本低而收益大。同时，通过恋爱过程获得男友所付出的成本，要远低于在职场通过自己努力被别人认可的成本。并且，社会观念下，对女性的评判是女性事业成功并不一定婚姻幸福，而婚姻幸福可以放弃从事业成功角度的评判。因此，女研究生更注重家庭和情感归宿，而这就需要她们工作稳定和压力小，其思想观念就会趋于保守，无法放开手脚去"闯"。

第二，综合素质不足。首先，一些高校女研究生自身技能与素质难以达到就业期望岗位的特定要求，其未考虑到自身特点，没有根据用人单位的需求来培养自身的能力，于是浪费很多时间盲目地考证，却没有将主要精力用于素质提升，内在素养与解决实际问题的能力不足。其次，一些北京高校的女研究生心理不成熟，一方面，抗挫能力弱，就业自主性差，心理承受能力极弱，难以在就业市场众多人才中脱颖而出。另一方面，存在认知错误，对就业不积极，部分女研究生因由本科直接升学读研，对社会接触不够，当求职就业遇到障碍时，就退回学校，拒绝就业。个别女研究生对找工作没兴趣，只是想办法把户口落在大城市，于是托关系找门路办理户档代理，不乏毕业生在此过程中上当受骗的。再次，社会角色转换能力存在缺陷，一些北京高校女研究生在就业时不懂得从社会的角度考虑适合自身的工作，往往难以放下"研究生"的姿态，很多事情不愿干，给用人单位留下一些女研究生"不好用"的印象，加大了高校女研究生的就业困难。

第三，职业设计缺乏。一方面，择业价值观错误。女研究生在就业选择中，稳定、可靠仍是首要考虑因素，因此在求职过程中，女研究生往往过分注重职业的稳定性与社会声望，在单位性质的选择上以国有企业为主，对薪酬和岗位的级别有一定的要求，通常选择到沿海发达城市或者一线城市就业，而不愿去中西部城市。高端职业与高薪待遇、高薪待遇与社会地位之间的关联度极大，女研究生追求这些本无可厚非，但女研究生因为年龄、工作经验和长期受教育等原因，对用人单位而言，可塑性要比本科生差，所以能够为女研究生提供这种职业的资源日益稀缺，且多集中在发达的中心城市，这就加剧了竞争性，导致女研究生就业难。一些北京高校女研究生年龄较大，在择业中对户档要求敏感，只要用人单位能解决北京户口，就费尽力气去争取，从而失去了外省市就业的机会；同时，也造成个别研究生为留京而去远郊区县争夺小学教师岗位的现象；而对于去非洲等海外从事与专业相关的工作，则不感兴趣，从而缩小了她们选择的空间。另一方面，缺乏合理的职业规划。从市场需求角度看，女研究生选择的专业与就业存在正相关关系。前文提及一些北京高校专业设置本就不能跟上市场的人才要求，那么大量选择这些专业的女研究生的就业自然成了问题。而专业选择的失误恰恰体现了其职业生涯规划的迟滞与贫乏。事实上，一些北京高校女研究生缺乏准确的自我职业定位，就业期望过高，过分考虑工资待遇、地理位置、工作环境等，片面追求舒适；缺少科学的职业生涯设计，就业规划能力差，没有结合自己的人生观、价值观以及社会需要做过系统详细的职业生涯设计，使其没有一个可供参照的职业选择计划，同时由于对自身个性等问题考虑不成熟，对自身所处环境的把握不准确，对自己优劣势的分析不到位，往往使自己在寻找工作时不知何去何从，就业效率很低。

综上，产生问题的原因是多方面的，有政策、市场、用人单位等方面的缺陷，有学生自身综合素质不足，还有学校培养工作和职业指导工作的欠缺。抛开那些问题产生的客观原因和浅层原因，问题症结更深刻地跟就业观念和职业指导紧密相连。而就业观念的转变是职业指导的重要课题和重要部分，因此，职业指导工作在女研究生的就业工作中扮演着一个非常重要的角色。

一方面，客观而言，解决女研究生就业问题的核心是构建公平的就业环境。但人类适应社会是绝对的，改造社会是相对的，真正能解决女研究生就业现状的关键点，只能是女研究生自身。只有发挥女研究生自身在就业方面的主观能动性，转变落后的就业观念，认清就业形势，承认自身不足，接受未来发展可能遇到的限制和残酷竞争的现实，才能在有限条件下寻找实现自身职业发展的最优解。而对此，高校就业指导工作会产生较大的影响。因为高校的就业指导工作关系到女研究生的就业准备、就业价值观、就业能力和就业结果，是一项长期发展的战略工作，有利于女研究生掌握就业动态，提升自身综合素质，为就业铺平道路。另一方面，从职业指导的含义来看，是将对象和职业世界中的角色发展融合成一个整体，并在工作实践中检验和调整，最终对对象和社会产生高满意度的过程。整个过程的互动性，要求高校开展良好的职业指导，必须与各方面打交道，实现政府、学校、用人单位等重视女研究生职业发展，关心关注其就业问题，通过职业指导对各方面产生积极影响，从而部分缓解就业问题，促进女研究生充分就业。因此，走出女研究生就业工作的困境这一摆在北京高校面前的时代命题，应当着重从发挥职业指导对就业工作的促进作用视角解决。

二、北京高校女研究生职业指导现状及应对策略

目前，专门针对北京高校女研究生的职业指导和服务工作还处于不断探索阶段，尚存在一些不足，正在寻找策略加以应对。

（一）北京高校女研究生职业指导现状

北京高校面对女研究生就业的严峻形势，在职业指导方面采取了一些措施，但是仍然存在问题，需要加以改进。

1. 现状与问题

面对问题，一些北京高校逐渐建立了符合自身发展要求的职业指导措施，建立"一把手"工程，明确学校与院系、导师三级研究生就业服务体系，及时确定院系就业工作的负责人，形成应对女研究生就业问题的机制；发挥研究生

会的作用，成立研究生就业协会，关注女研究生就业；开通短信平台传递就业信息，聘用研一、研二研究生为女研究生收集、发布就业信息，开展个性化服务；缓解女研究生的焦虑情绪，确保就业工作顺利开展。但是由于职业指导作用起效历程长，且一些北京高校本身及女毕业研究生对职业指导重要性的认识存在局限性，因此在开展职业指导过程中还存在着不少的问题：

第一，职业指导机构和队伍建设缺乏。一方面，一些北京高校研究生就业工作的职业指导机构未得到学校重视及其他部门的支持，下设于研究生培养部门但独立于其他科室，与其他科室联系过少，更在相当长的时间里与本科生就业指导工作相关机构完全脱离，难以得到其他部门的实际支持。同时，学校对指导机构的重视和投入也不够，一些北京高校研究生职业指导机构不健全、经费投入不足，无单独研究生就业人员编制，没有独立的办公场地，机构运行步履维艰，能够完成就业工作就已不易，而对女研究生开展针对性的职业指导曾一度难以实现。另一方面，一些北京高校职业指导人员队伍建设不足。职业指导是一项专业性很强的工作，没有足够数量的高素质职业指导队伍，职业指导工作就无法得到有效保障。一些北京高校研究生职业指导部门无专职的职业指导教师，只有就业工作人员从事日常的就业管理、就业指导服务和就业市场开拓等工作，这些工作大多是事务性的、行政性的工作。而且由于就业工作涉及的事情多，导致真正进行专业就业指导的力量严重不足。同时，这些工作人员往往还负责全校就业市场开拓、创新创业教育以及其他学生管理工作，身兼数职，缺少时间和精力开展对职业指导工作的研究和探索。此外，一些北京高校研究生培养单位的职业指导工作大多是依托学生工作人员开展的，其主要任务是承担本单位研究生和本科生的日常思想政治教育和管理工作，工作量大且烦琐，有些还要承担高校形势政策课和两课的教学任务，很难有精力应对职业指导工作的建设和研究。同时，这些人员往往低龄且高学历化但社会阅历少，专业结构与职业指导联系不紧密，理论水平有待提高。他们仅仅接受过一两次有关培训就开展职业指导工作，职业指导思维明显不足，专业精神不够，严重缺乏专业技能和业务知识，在知识储备和信息方面都很难达到专业就业指导人员应有的水平,在面对研究生就业咨询时,难免由于能力水平有限而进行不恰当的指导,忽视了职业指导的内涵发展,没有对女研究生和用人单位的类型进行深入分析,对未来女研究生的发展方向缺乏可持续研究和探索,导致大量女研究生不了解职业生涯规划的相关理论和方法,对往届女毕业研究生更缺乏相应的跟踪指导,不利于学校人才培育的可持续化。并且,即便是这样的队伍,依然存在队伍不稳定、人员普遍缺乏的问题,对女研究生开展职业指导只能流于形式。

第二,职业指导内容存在偏差。首先,职业指导内容简单化。长期以来,一些北京高校对研究生职业指导的功能与内容理解过于简单,缺乏系统性,仅将职业指导看成单纯的就业指导,其职业指导工作主要围绕当年的研究生就业工作开展。工作重心停留在提供需求信息、办理就业手续和政策制度指导等基本的工作,而忽视了对女研究生进行针对性的职业生涯指导。尽管近年来招聘会、就业指导工作坊、国考集训班、就业大讲堂等活动的对象开始增加了研究生群体,并通过一些专门讲座对研究生就业形势、就业政策和择业技巧等进行专项解读和分享,但整体看涉及职业生涯规划时,讲授一些零星的知识和经验多一些,缺乏系统性和连贯性,操作性差,致使职业指导实际上处于低效率状态,整体水平不高。而且,由于把职业指导理解为给研究生落实具体单位,导致其只关注结果,追求高就业率,而忽视了职业指导的择业教育功能,忽视其对女研究生未来职业的深远影响。其次,职业指导内容理论化,脱离实际。职业指导强调操作性,必须能够让女研究生掌握如何选择职业、调整自我以适应职业的需要等技能,这必须让女研究生经过实践训练加以锻炼,并强调后期的实际运用,方能对研究生有真正的指导作用。一些北京高校已有的职业指导工作理论脱离实际,过分强调理论教学而忽视实践指导,开设的职业指导讲座,与其他课程诸如专业学位课程相比无明显差异,都是强调理论传授,忽视实践环节,即便涉及案例,实战经验也明显不足,纸上谈兵的篇幅较多,内容粗浅空洞,且因缺乏对北京和其他地方经济发展和女性人才需求变化趋势的了解,致使职业指导工作缺乏有效性,导致女研究生的能力与实际岗位需求的错位不能得到良好的纠正。再次，职业指导内容缺乏针对性。一些北京高校职业指导工作定位不明确，缺乏对职业指导工作的全面认识和统筹安排。职业指导针对性不强，无法做到针对每个女研究生的不同个体特点开展辅导，从而导致职业指导难以完成指导研究生职业生涯规划和促进就业的使命，致使职业指导在对女研究生就业观念的引导、职业素养和选择能力的培养以及职业道德教育等方面无法落实，难以适应当前就业形势的要求。此外，一些北京高校提供职业信息的方式单一，往往通过短信或邮箱群发，内容欠缺针对性，且信息获取渠道单一、质量低，发布方式虽快捷却不利于进行区分性的选择，影响了用人单位和女研究生的双向选择，降低了就业工作效果。

　　第三，职业指导常规方法未能落实。一方面，职业指导方法形式单一，深度不够。目前，一些北京高校还没有针对研究生开设职业指导和职业生涯规划课程，仅有讲座等单一形式，而且讲座数量少，平均每月都达不到一场，内容往往只有就业技巧、就业政策等方面的指导，职业素养提升和职业规划与发展方面几乎不涉猎，且缺乏就业全程化的职业指导活动，导致不同阶段的女研究生不能得到更加细化、专业、个性化的指导；各基层单位研究生职业指导人员大多数时间也只是照本宣科地对学生进行说教，联系实际和个性化指导少，案例不多且应用性不强，职业指导缺乏科学性与实效性，影响了就业工作的开展和效果。同时，一些北京高校职业指导的对象主要是女毕业研究生，忽视了指导非毕业班女研究生进行职业生涯规划，没有使职业指导贯穿在整个研究生学习阶段，非毕业班女研究生丧失了个性塑造和创新创业能力培养的机会，严重降低了女研究生就业工作可以取得的成效。另一方面，职业指导方法的内容更新不足。一些北京高校的职业指导内容滞后、陈旧，缺少职场礼仪、职场关系、创业管理等内容，甚至连我国就业政策积极鼓励和引导高校学生到基层就业的志愿服务西部计划、高校学生村干部、三支一扶计划等都鲜有涉及，欠缺实效性，不能充分满足女研究生的需求；同时，职业指导讲授为主，实训不足，女研究生处于被动接受的局面，导致其对职业指导失去兴趣，不能很好地接受并运用从职业指导中学习到的知识，影响了职业指导在促进女研究生就业工作中作用的发挥。

2. 造成问题的原因

第一，学校职业指导态度和理念滞后，不关注职业指导机构和队伍建设，导致女研究生职业指导氛围不强。一些北京高校针对女研究生的职业指导是一个相对的空白区，作为很少。究其原因，与学校对研究生的职业指导态度和理念有关，研究生就业指导工作的重要性还没有得到女研究生和学校的认同。一方面，一些北京高校女研究生就业意识不够强，职业规划意识淡薄。她们大多认为读研比较好就业，求得一个好单位是水到渠成的事情，而且是毕业那一年要考虑的事情。所以，在她们的意识里，就业是个人的选择，不需要过多借助外在力量指导和帮助，因此在主观上对职业指导工作没有抱期望。也正因此，一些北京高校女研究生缺乏有针对性的岗位技能培养意识，更没有基于全面客观自我认知与定位的个人职业生涯规划，于是在功利心理、依赖心理、从众心理等不正确的职业价值观引导下，陷入择业误区，不肯到平凡岗位去就业。另一方面，一些北京高校研究生职业指导观念落后，缺乏长远的职业规划，强调数量，忽视就业质量，不重视研究生职业指导的价值，尽管职业指导工作已经在本科生中全面铺开，但对于研究生，职业指导工作差距还很大，专项经费投入偏低，工作开展缺乏物质保障，职业指导工作人员孤掌难鸣，也无法开展有针对性的、个性化的指导，导致许多女研究生对一些北京高校就业指导流程全然不知，缺乏及时了解就业信息的各种渠道，致使一些北京高校女研究生职业指导工作形同虚设，严重背离了职业指导的功能。

第二，学校对研究生职业指导体制和机制建设缺乏重视，不能与研究生培养和学科设置相结合，未能真正形成有针对性的、有效的职业指导体系，职业指导的内容无法科学地产生作用。前文可以看出，一些北京高校女研究生对职业生涯规划知之甚少，一些北京高校的研究生职业生涯规划指导与教育工作正处于初级阶段，没有职业指导课程体系支撑，也没有充足而专业的师资，指导工作很不系统。一些北京高校还没有建立起以市场需求为导向的、将女研究生实际需求与专业培养目标相结合的女研究生职业发展培养模式。一些北京高校部分人文社科类培养单位在学科建设和教学理念上未能有效地围绕市场来进行调适，培养出的女研究生与就业市场实际需求偏离，产生了社会人才需求与高校专业培养的矛盾。

第三，职业指导人事制度与激励机制不健全，造成职业指导队伍的建设困难，影响职业指导常规方法的落实。一方面，由于一些北京高校对研究生职业指导工作的认识不充分，因此对研究生职业指导人员的角色定位不明确，导致在人事制度与激励机制上对研究生职业指导人员几乎没有有效制约。一些北京高校没有建立完整科学的研究生职业指导工作考核项目，仅以就业率作为主要考核目标，对就业质量和就业稳定度的关注则比较少，尤其是对研究生职业指导人员的关注更少，使研究生职业指导人员角色定位不明确，没有归属感，对自身的职业生涯发展方向含糊不清，钻研研究生甚至是女研究生职业指导工作的积极性不高。同时，人事制度中缺乏明确的激励措施，在薪酬评定和职称评定上也没有切实挂钩，严重挫伤了研究生职业指导人员的积极性，造成研究生职业指导在岗人员因缺少激励而频繁流动，一些北京高校研究生职业指导人员往往还未能进入成熟期或刚刚进入成熟期，就会为了个人发展离开研究生职业指导队伍，显然不利于研究生、特别是女研究生职业指导队伍的建设和稳定。另一方面，研究生职业指导人员没有明确的身份和角色定位，只是将研究生职业指导人员的岗位看成一个普通的行政岗位，导致实际职业指导在岗人员专业背景各异，缺乏相应的资质审核，造成职业化程度低，职业指导学科要求和知识要求不达标，指导技能水平不足，加上一些北京高校对研究生职业指导人员的培训不够重视，使其缺乏专业知识和工作经验，阻碍了就业工作的进程，更不利于女研究生就业。

（二）北京高校应对女研究生就业形势的策略

面对女研究生的就业形势和职业指导现状，一些北京高校积极采取应对策略，适度缓解了上述问题，具体对策如下：

1.从女研究生的群体需求出发，提升职业指导工作的效用

女研究生需要学校为她们提供连贯的、长期的、个性化的和有针对性的职

业指导。因此，一些北京高校针对她们所急需提高的自我职业生涯设计能力、就业心理调适、自身职业倾向把握等方面开展指导，使其转变就业观念，提高综合素质，加强自我探索，开发自己的潜能，为成功就业铺平道路。

首先，从女研究生入学时开始抓起，有计划、有步骤地为其就业提供良好的保障，对女研究生进行性别专属的职业生涯设计指导，科学制定职业生涯规划，树立其身边的优秀榜样，形成内在推动力；同时，及时搜集和公布不同行业的人才需求量，使女研究生了解用人单位对研究生能力的要求、侧重点以及对女研究生的区别要求，以使其认真提高自身专业知识和科研能力；另外，一些北京高校加大对女研究生的职业培训力度，提高女研究生的人力资源素质，根据女研究生的特点和经济社会发展需要开设专门面向女性的课程；还有，提高女研究生的培养力度和质量，一些北京高校按照市场的需要和结合女性的特点调整专业结构、招生男女比例，从培养数量上影响女研究生的就业质量。

其次，一些北京高校完善女研究生的心理咨询体系，对女研究生所具有的独特心理进行特别关注，建立女研究生心理健康档案，及时关注其心理变化并进行心理调查，给女研究生一个放松和释放压力的空间，并及时对她们的成就期望、社会适应性、人际交往、家庭婚育观、职业观等进行正确引导。一方面，一些北京高校加强女研究生的心理健康教育和就业援助，强化理论教育和挫折教育，让女研究生学会自觉调控情绪。另一方面，一些北京高校针对女研究生的特殊心理特征及就业心理开展心理讲座，让女研究生对残酷的就业竞争状况有一定的心理准备，并培养正确而良好的就业心态，合理调整她们的就业期望值，先就业，先积累经验、积蓄力量，自身资源丰富了再重新择业，放远目光，理性选准行业。此外，一些北京高校帮助女研究生发展主体意识和独立人格，发掘作为女性的独特优势，如良好的形象思维和非逻辑思维，感觉细腻，反应迅速，天然的亲和力、忍耐力等，学会用女性的方式获取更合适的职位，用独特的个性体现去赢得工作上的被信任。

再次，针对女研究生的特点，一些北京高校为女研究生准备专门的求职仪容仪表讲座，提升女研究生就业的竞争力，同时为女研究生举办法制讲座，宣传先进文化，强调法律法规对女性就业的保护措施，使其了解当前就业市场的优势和劣势，培养女研究生客观评价自身能力和适应环境的能力，摆正自身的传统角色和社会角色，增强女研究生用法律维护自身合法权益的能力。同时，一些北京高校加强校园文化建设，支持各种有益的研究生社团，鼓励女研究生参加各种集体活动，促进交流，提高女研究生的自信度，合理引导内心柔弱这一特点，以强大的心态面对就业的压力。

2. 以职业指导工作存在的问题为发力点，改善女研究生职业指导工作的质量

第一，完善女研究生职业指导工作机制。首先，明确女研究生培养目标，一些北京高校结合社会需求与学校优势，客观地找到自身的定位，增强语言、翻译等女研究生优势专业学科建设，创新培养模式，加强培养过程管理，精简课程设置，在同一类型学校中办出特色和优势。其次，进一步明确女研究生就业工作实施细则，并通过调查问卷、座谈会等形式征求广大女研究生的意见，加强女研究生就业案例上报，制定专门的"女研究生职业指导手册"。另外，建立研究生就业工作例会制度，定期召开就业工作培训与总结会议、就业工作推进会、女研究生座谈会，研究、部署和总结女研究生就业工作，从而主动与有关部门沟通信息，调动各方面的积极性，注意运用政策法规、资源配置、信息服务和必要的行政手段配合女研究生就业工作。再次，强调研究生培养工作对女研究生职业生涯发展的影响。要解决女研究生的就业问题，培养提升女研究生的就业能力是根本，这就使得女研究生的职业发展必然与研究生培养工作联系到一起。一些北京高校把职业指导工作作为女研究生人才培养的重要途径，将职业指导课纳入学校研究生教学计划中，列为必选课或必修课，培养女研究生的健全人格、独立生存能力和全面发展素质，使职业生涯教育成为研究生培养的重要组成部分，指导女研究生转变就业观念，以长远的眼光和积极的心态应对就业问题，培养女研究生的创业意识，帮助女研究生进行自我认识，根据自身的性格、兴趣、价值观和能力选择适合自己的职业。同时，充分发挥导师作为研究生成长的指导者和引路人的作用。研究生导师在对女研究生的培

养过程中，除了促进其专业知识能力的改善，提升女研究生素质水平也是非常重要的部分。一些北京高校引导导师坚持德育教育与专业教育相结合、理论教育与实践教育相结合、解决思想问题与解决实际问题相结合，在女研究生培养中充分发挥教书育人的作用，有利于充分提高女研究生就业成效。

第二，加大对女研究生职业指导工作的投入。明确职业指导工作的教育职能和管理定位，根据实际工作和高校规模划拨合理的职业指导工作专项经费，并采取措施确保职业指导经费专款专用；完善职业指导工作机构和队伍建设，做到机构健全、人员到位、职责明确、运行稳定。一方面，建立健全职业指导机构，设立职业生涯与就业指导教研室以及相应的女研究生咨询室、测评室，购置相应的测评工具。另一方面，培养一支专业化高水平的研究生职业指导人员队伍。职业指导人员除了政治立场坚定，职业道德和知识水平较高，心理素质好，语言表达能力、洞察力和思维力强以外，还要清楚了解当前研究生的就业形势。这就需要加强职业指导人员的学习与交流，提高职业指导人员的专业化水平，积极组织职业指导人员参加系统的专业培训，鼓励职业指导人员参与女研究生职业指导与就业服务的调查研究工作，定期派出职业指导骨干到企业人力资源部门顶岗实习和挂职锻炼，了解企业的用工需要和员工培养内容，倾听企业的意见和建议，不断提高职业指导人员的职业素养。此外，开展女研究生就业"引航计划"，聘请政府组织部门、法律专家以及专业骨干教师加入女研究生的职业指导队伍中来，通力合作，提升职业指导工作队伍的有效战斗力。

第三，加强女研究生职业发展与就业指导工作体系建设，充实职业指导的内容和形式，强调实践性与针对性。一方面，充实职业指导工作体系。开设职业指导课，丰富职业指导课的内容，通过教案教学、互动教学、拓展训练、社会实践、补充教学、职业测评、咨询辅导、实习实训，形成多层次的教育格局，创新女研究生的职业指导课程。同时，加强就业信息平台建设，全面更新校内网、外网的研究生就业信息，提供系统在线就业信息互动，为女研究生系统地提供政策通知、出国信息、就业培训、面试技巧、媒体运用、相关招聘信息，保证信息的时效性。此外，吸纳不同年级的研究生参与女研究生就业服务工作，让更多的研究生在参与就业服务的同时，熟悉就业过程，为未来就业做准备。另外，加强对女研究生职业指导的研究工作，面向北京地区开展多角度的女研究生就业工作调查。通过加强与北京市教委、北京市高校学生就业指导中心、在京各高校及部分其他省市高校的联络，全面推进在已毕业女研究生工作满意度、用人单位招聘意向和高校就业工作经验方面的调研工作，积极研究和探索新形势下，尤其是研究生培养机制改革和研究生结构调整背景下女研究生就业的新特点、新规律，了解研究生就业工作的发展趋势，不断总结提升职业指导理论基础，不断探索新的测评方法，以便加强统筹规划，为促进女研究生就业提供理论支持和决策依据，以实现职业指导工作科学性和实效性的提升。另一方面，拓展女研究生职业指导的内容与形式，实现职业指导途径和方法的多元化，做到职业指导内容涵盖职业生涯规划、就业政策法规、就业信息、职业意识、职业自信心、求职技巧、职业道德教育、创业教育等，形式涉猎职业指导课、就业形势讲座、政策咨询、个体辅导、团体辅导、小组讨论、课程讲授、职业测评等。

同时，丰富职业指导内容，突出实践环节，鼓励女研究生开展创业实践活动。一些北京高校每年投入数百万元专项经费开展研究生创新创业教育，鼓励女研究生去京外开展西部支教、顶岗实习、专业考察、就业调研等与就业密切相关的实践活动，在开阔眼界的同时也提高了女研究生对就业大环境的充分认识；针对女研究生进行"梦想秀"就业主题教育，举行创新创业教育大讲堂、创业专题讲座、创业之星培育、校园展览会等活动，成立女研究生就业创业俱乐部，协调广大研究生自发成立以行业、企业为主题的研究生就业兴趣小组（就业圈），实现研究生就业主体的自我教育和资源共享。此外，一些北京高校重视校企合作，强化职业指导和社会的联动效应，为女研究生就业能力提升创造平台，增强女研究生与用人单位之间的交流和沟通。通过建立各类培训基地，搭建和拓展创业教育平台，开展体验式职业指导。通过社会职业调查体验、职业技能实习体验，有助于女研究生更好地调整修正完善职业生涯规划，进而促进女研究生的职业化与社会化。同时，一些北京高校加强就业市场建设，拓宽就业渠道，确保女研究生就业渠道畅通，密切与企业联系，开发岗位资源，举办面向京外就业的小型招聘会和联络对口招聘单位上门招聘，积极主动为女研究生就业谋求渠道，促进女研究生就业工作。

另外，突出职业指导的针对性，将集体指导和个性化指导、课堂理论讲授和实践指导、求职技巧指导和就业心理指导、学生个人发展和社会需求相结合，针对不同学科、不同专业及不同培养目标的女研究生分类进行职业指导，实施个体化的职业咨询服务。一方面，加强女研究生的职业生涯规划教育，分阶段实施针对性指导，将职业指导贯穿到女研究生教育的全过程。从研究生招生报名开始，尽早树立职业意识，制定职业规划，开展形式多样的研究生职业生涯介绍、研讨、制定，帮助女研究生树立职业生涯规划，让就业成为其人生成才的重要环节，提高女研究生就业工作实效。另一方面，协调各基层培养单位帮助女研究生强化专业素质、心理素质，提高就业竞争力，以培养单位为主体，落实分类型指导，打造标准化、精细化和科学化的女研究生就业服务流程，提高服务质量和效率。

第四，优化研究生职业指导工作的人事评价、考核与激励制度。首先，建立严格的师资队伍准入制度，大力引进具备教育学、心理学、社会学、经济学、法学知识且拥有职业指导资格的工作人员，完善女研究生职业指导队伍培养与发展机制。同时，构建职业指导工作的评价指标体系，建立女毕业研究生跟踪指导服务体系，检验职业指导的效果，实现女研究生职业指导工作的实效化。其次，一些北京高校将国家、北京市及学校的就业政策、就业流程、指导要求等全面传达给基层培养单位，把研究生就业工作作为研究生教育培养评定考核的重要条件，加强对各单位女研究生就业工作和日常就业管理工作的评定考核，保证就业工作的顺利展开。再次，建立并完善职业指导人员绩效管理的措施，参照可量化的指标，规定职业指导人员每年在岗培训的具体时间和课程要求，设立各类职业指导成果奖励，鼓励专任教师辅导员和行政管理人员考取职业指导师，对取得职业指导人员国家职业资格的教师落实相应职称系列的薪酬待遇，增强女研究生职业指导人员的工作和学习的积极性，也保证职业指导人员队伍的稳定性和发展性。

3. 协调可影响职业指导的其他因素，塑造女研究生职业指导的良好氛围

一方面，加强与政府在女研究生职业指导中的交流。第一，就业制度已经成为解决就业难问题的关键。针对女研究生就业制度、户籍制度、干部人事制度等，特别是在国内的一线城市，政府需要进一步协调，减少就业机会不均等、就业政策不平衡等现象，改善女研究生就业渠道不畅通的状况。因此，需要加强反馈，促进政府完善就业制度和政策。有鉴于此，一些北京高校加强历次高校间就业工作会议和向上级做的就业工作报告中对相关问题的反映，采取积极的态度为女研究生的就业营造未来良好的环境，为职业指导作用的有效发挥增添外围力量。第二，就业法律的实施，能够使劳动者的合法权益得到保障。但是，现在的就业市场中有些招聘单位或职业需求的信息违法且失实，影响女研究生就业，特别是明显的性别歧视形成对女研究生公平就业的考验，这就要求政府加强对女研究生的就业帮扶，拓宽就业渠道，给予优先推荐。因此，需要加强反馈，促进就业法律保障体系建设，创造公平的就业环境。第三，政府应该根据不同高校的实际情况，为就业指导提供物质保障。对于一些非双一流院校，资源相对缺乏，更应规范职业指导机构的建设，包括协助建立职业发展规划室、职业指导咨询室，提供各种女研究生职业指导的教学资源和学习资源等。还应当争取社会各方面力量的大力支持，积极鼓励各级就业指导服务部门、社会就业中介服务机构等联合起来，形成优化人才配置的重要平台。根据一些北京高校女研究生的特点，有针对性地进行职业技能培训及就业实习实训，为高校女研究生成功就业提供服务。因此，需要加强反馈，并呼吁政府提供物质保障，推动公共就业服务。

另一方面，强化与用人单位在女研究生职业指导中的互动。首先，联系用人单位对校内对口女研究生进行培训指导，通过他们的经验帮助女研究生增强就业能力；用人单位通过指导培训，也可以挑选优质人才，做好人才储备工作。用人单位和女研究生可以实现双向互动。其次，联系用人单位和一些北京

高校增进沟通合作，高校通过调整专业设置和综合培养实现女研究生的能力与用人单位的实际需求相适应，而用人单位通过主动与一些北京高校沟通，使高校培养出适合该用人单位需求的女研究生人才。再次，联系用人单位和一些北京高校，做好女研究生就业情况的信息反馈。用人单位将往届女研究生的工作情况及时反馈给高校，为其人才培养提供意见和建议，同时也为高校女研究生提供就业实习、就业指导、技能培训等服务，为其掌握求职技能、公平竞争创造有利条件。

经过努力，上述对策的效果明显，职业指导在促进高校学生就业工作中的作用和重要性也被更全面地发挥出来。尽管北京高校毕业研究生人数逐年攀升，但就业人数和签约人数也都在上升，女研究生就业质量也呈现上升势头，一些高校京内就业人数稳步上升，西部就业人数也保持平稳，符合国家面向京外、面向基层、面向西部的就业导向。

三、职业指导在促进高校学生就业工作中的作用和重要性

根据上述分析可以总结出，职业指导能够更好地帮助北京高校女研究生积极应对就业形势，科学进行职业生涯规划，顺利实现就业，提高职业适应性。因此职业指导在高校学生就业工作中作用巨大。

（一）职业指导在促进高校学生就业工作中的作用

根据前文分析可以看出，职业指导在促进高校学生就业工作中的作用包括：

1.职业指导有利于推动学校教育教学改革，促进高校人才培养目标和模式转变，推动学校获得可持续发展。

首先，职业指导可以让高校了解社会需求，改进人才培养模式，提高教育教学的质量。而学校的教育教学改革，针对不同毕业生的个性特点，实施不同的教育指导方法，提高高校学生的职业能力和综合素质，从源头上解决了高校学生就业问题，促进高校学生就业工作。

其次，职业指导的性质使其可以了解社会对人力资源的需要，并对社会就

业趋势做出科学预测，因而能够在课程开设、专业设置、学科建设以及人才培养模式完善等方面为学校提供必要的信息支持，促进学校办学理念的更新优化和各项事业的科学发展，促进高校人才培养目标实现和模式转变，从而提升学校的社会知名度和公信力，吸引更多的用人单位对毕业生进行选择。

再次，国内各类高等院校的招生规模依然居高不下，如何在激烈的生源竞争中立于不败之地，是摆在大多数高校面前的重要课题，招生规模成为学校可持续发展的最可靠保证。而其中，就业情况成为家长、学生选择高校的普遍依据。而对于就业，学校是一个提供服务和帮助的角色，通过职业指导，学校为学生提供职业生涯设计、就业信息咨询等服务，为用人单位提供毕业生的资源信息，为用人单位选择毕业生提供时间、场地等方便而良好的服务，从而改善就业状况，学校的良好公众形象就随之建立起来，生源就不再是问题，学校就可以获得可持续发展。

2. 职业指导有利于改善高校学生就业和职业生涯发展质量。

第一，职业指导有助于高校学生形成正确的择业观，明确职业目标，形成良好的心理素质，培育创业精神，成就健康的人生发展。

首先，职业指导能够帮助高校学生树立正确的择业观，强化高校学生的现代就业意识。我国高校曾普遍存在的重招生、轻就业的观念在日益艰难的就业环境催迫下已得到根本转变，高校管理层已充分意识到就业工作的复杂性艰巨性以及由此带来的对招生工作乃至学校发展的制约与影响。目前，高校毕业生就业难的主要矛盾在于高校学生自身。毕业生意识中普遍存在的问题是不能正确把握就业形势，不能准确定位自身在社会就业体系中的坐标，受城市生活便捷舒适等优势的诱惑，宁可在城市生存空间的夹缝里非常辛苦地奔波劳累，也不愿到城市以外的地方去找寻适宜自己生存发展的途径，受根深蒂固的铁饭碗这一集体无意识的束缚，对单位有着强烈的依赖和诉求而不肯自主创业。高校毕业生普遍的心态是就业期望值高于社会所提供的就业岗位和自身的能力现状。因此，解决高校毕业生就业难的当务之急是转变毕业生的择业观念。而职业指导就是要帮助高校学生清醒地认识自身现状，正确地实施自我评价，准确地了解社会需求，从而更好地调整自己的知识结构，明确学习目的，理性规划职业道路，将个人发展和国家社会发展结合起来，更好地实现自己的人生价值。一方面，职业指导能帮助高校学生通过职业测试，从性格兴趣、职业匹配等各方面进行自我评估和总结，使高校学生认真地反省自己，包括性格、爱好、职业匹配等等，从而能正确认识自我，认真反省，引导高校学生努力提高自身素质，积极掌握与自己的职业方向相关的技能。另一方面，通过职业指导，高校学生可以客观地看待职业，了解职业的类型、特点、要求等等，以自身的兴趣爱好为基础，将自己的兴趣和社会需要有机结合起来，帮助高校学生树立正确的职业观，有助于学生就业成功。因此，通过职业指导，能够使毕业生充分地了解国情区情，深入了解社会，准确定位自己，并把自己的兴趣特长和社会需求相对接，扬长避短，实事求是地进行职业设计，形成符合个人实际和社会需求的择业观念。在这个过程中，高校职业指导的侧重点是强化高校学生的现代就业意识，即引导高校学生意识到人生是一个连续的过程，学习阶段不是孤立存在的，而是为未来的就业乃至人生做全面的准备，促使他们有意识地了解职业世界，并进而制定有针对性的学习和能力提升计划。这为高校学生进行科学的职业生涯规划创造了基础和起点。

其次，职业指导帮助高校学生明确职业目标，激励学习动力。进入高校后，高校学生在各自的院系中学习专业知识，锻炼专业技能，使学习内容更专、更细，但在课程的设计上，各高校并不能把某一类专业所有的知识和技能全部涵盖，也不能针对某一专业领域中的某个岗位工种开设课程，所以专业课程更多的是照顾到某一专业领域中的共性问题和所需的普遍知识，这样做对学生长远发展固然是有利的，但不能解决职业发展目标的问题。然而，相比起工作技能和工作经验，大部分高校学生更加缺乏的可能是工作目标。高校学生对人生有着各种各样的幻想，他们对某种职业的认识通常也是模糊的，加之高校学生在教育高成本的影响下，产生了对未来就业的高期望值与社会现实之间的矛盾，这样的矛盾让学生感到茫然、困惑，人生目标模糊不清。目标的确立对于高校学生就业的影响可能比工作技能和工作经验所造成的影响要大得多。培养高校学生明确自己的职业目标、确定自己的职业定位具有十分重要的作用。而职业指导的目的就在于能帮助学生确立职业发展的目标定位，通过职业指导，帮助高校学生深度探索自我，正确地认识自我、分析自我，发现自己的潜能、兴趣、爱好、技能和价值观，进而把自身特质与社会需求结合起来，确定自我定位，明确职业发展目标。高校职业指导不仅仅是针对应届毕业生，而是贯穿学生整个高校生涯的。培养高校学生明确职业目标是从新生入学开始，鼓励高校学生增强学习动力，通过专业学习、兼职体验各种行业，在学习中一步一步明晰自身的职业目标。学习动力是推动学习活动全过程的内在力量，与学习动机情感因素及主体意志有关。职业指导帮助学生树立职业发展目标与定位，这就能使高校学生在学习上进一步端正学习动机，使学生从自身发展高度出发，思考目前学习与今后职业发展之间的关系。由于职业目标清晰，学习的动力会更加直接更加强劲。在学习的过程中，由于对照自己的职业发展愿景，学生把自己目前的学习状况与未来工作融入情感因素，自身表现出对学习目标内容的一种追求，从而起到强化学习动力的作用，有利于为实现职业目标而不断提升职业能力。同时，职业指导人员也通过自身的专业知识，结合高校学生的专业以及性格特点，对高校学生做出一定建议，使其确立切实可行的职业目标和职业方向，从而进行实事求是的职业设计，形成符合社会和个人实际的就业观，在合适的工作岗位发挥出最大的能量。

再次，职业指导能够培养高校学生良好的心理素质。由于高校毕业生人数的增多，使得高校学生之间的竞争异常激烈，往往一个岗位有几十甚至上百人竞争。在当前越加严峻的就业形势面前，拥有良好的心理素质和正确的择业心态是事业成功的基础。这是因为，一方面，高校毕业生在择业的过程中拥有一个良好的心理素质是非常重要的，如果毕业生没有一个好的心态，在求职过程中一遇到挫折就灰心丧气，丧失信心，肯定会影响毕业生的就业。特别是近年来，高校学生心理问题越来越被学校和社会关注，每年因为就业而产生心理问题的高校学生也大有人在。另一方面，高校毕业生中的大多数是独生子女，他们都成长于消费主义环境下，享乐意识较强而吃苦精神欠缺，抗挫折能力相对有限，缺少相应的社会历练，骤然间从多年的校园生活进入社会，并且面临着人生的一次重大转变——求职择业时，难免会遇到各种困难和挫折，如果缺少相应的心理引导就会引发出一系列的问题，甚至可能形成心理阴影。高校学生的身心健康发展和良好心理素质培育并不是职业指导的全部功能，但它在客观上能起到促进高校学生全面发展、积极就业的作用。坚定的信念、充分的自信、较强的适应力等良好的心理素质是决定高校学生高质量就业的重要因素，也是高质量人才的重要衡量标准之一。职业指导有助于培养高校学生良好的心理素质，引导高校学生在就业过程中乃至就业以后以积极、乐观、健康的心态面对和解决可能遇到的各种职场问题。因此，必须在职业指导的过程中让学生端正自己的心态，从而使学生以一种积极向上的心态去面对求职过程中的酸、甜、苦、辣，增强应对挫折的能力。高校的职业指导提供职业心理辅导，就业过程中出现心理问题的高校学生可以到高校相关部门进行咨询，心理辅导的老师在发现问题后也可找高校学生进行单独辅导，帮助这样的高校学生克服心理的障碍，并成功就业。同时，高校在对学生进行职业指导的过程中，应高度关注就业困难群体，帮助他们树立积极健康的择业心理，通过测评、心理咨询等科学手段，为高校学生提供咨询和辅导，消除畏惧、焦虑、自大、依赖等消极心理，为就业做好充分的心理准备，克服社交恐惧，掌握沟通技巧，端正择业心态。因此，高校职业指导能够通过帮助引导高校学生及时调整心态，准确定位自己，适时对高校学生予以鼓励，使他们勇于面对社会现实，主动适应社会，树立起信心，增强艰苦奋斗、自主择业、公平竞争的意识，树立健康而正确的职业心理，使高校学生尽快地适应社会，立足社会，发展自己，成就美丽人生。

最后，职业指导能够培育高校学生的创业精神。创业是高校学生的一种人生选择，但绝不可盲目，只有通过创业教育，具备一定的创业知识和技能并有坚韧不拔的拼搏精神，才有可能获得创业的成功。高校职业指导工作的一项重要内容就是创业教育，目的在于通过逐步培养高校学生的创业意识和能力，从而加强高校学生自我就业的能力，使高校学生完成由被动的求职者向主动创业者的身份转变。职业指导在引导高校学生创造一番事业的过程中，也培养他们的创业意识、敢于创业和善于创业的品格，使高校学生了解创业步骤、程序及相关规定。职业指导能够激发和培养高校学生创业意识、创新精神及其他创业所需的素质，提高创业所需能力，并结合运用创业资源评估测试等手段，对高校学生进行自身所具备的条件、市场前景和创业可行性等主客观分析，帮助高校学生结合所学专业，选择社会需要且适合自己的创业领域和方式。此外，随着经济社会的发展、物质条件的改善，长期受父母关爱、且一直身处校园环境的高校学生缺少相应的挫折教育和磨炼心志的机会。高校创业教育的重要性在于通过引导高校学生强化自立自强的意识，充分发挥自身特长优势，化被动为主动，凭借自身能力在职场和社会进行磨炼和打拼。在实际的创业过程中，高校学生的心志得以锤炼，能力得以提升，更为重要的是形成了在职场主动搏击的创业精神，有助于培养高校学生优秀的道德品质，从而承担历史使命和社会责任。而这些因素都将是高校学生在职场和漫长的人生中不可缺少的。高校学生具有了创业精神，就大大增强了为自己找到生存出路进而抵达自我实现的可能，一旦在创业中有所作为，在社会上站稳脚跟，又能够为社会特别是高校毕业生提供更多的就业机会，从而在一定程度上缓解社会就业压力。

第二，职业指导有助于提升高校学生的就业技能。

首先，职业指导能帮助高校学生制订科学合理的职业生涯规划。高校学生对一种职业的了解往往只是一种模糊的概念，制订科学合理的职业生涯规划有利于避免日后高校学生走上工作岗位，出现种种不如意和迷茫的现象。职业生涯规划帮助高校学生学会自我认知、自我评价，认识职业世界，从而确立合理的职业目标，为获得事业成功奠定基础。职业生涯发展是一系列选择连续进行的结果，职业选择不是个人生活中面临择业时的单一事件而是一个系统。高校学生一入学就应为自己定好职业目标，做好时间管理，提高学习效率，强化学习和训练有用的技能，多参加与专业有关的实践。当前，高校基本都开设了职业生涯规划方面的课程，实践中大多数高校都会在学生入学后即对学生进行职业生涯规划方面的指导，还有部分高校成立了专门的咨询室为学生提供一对一的职业生涯规划及就业方面的咨询。高校的职业指导以学生为本，帮助高校学生通过运用各种技术和方法正确地认识自我，鼓励高校学生积极参加社会实践，帮助高校学生认识社会总体的职业需要以及自身职业发展的方向和途径，制定具体可行的职业能力开发计划，培养高校学生职业决策的能力，不断明确其将来的职业目标，最终使得学生能进行科学合理的职业生涯规划，为适应社会、规划人生提供保障。

其次，职业指导能帮助高校学生提升职业能力和求职技巧。高校是学生为进入社会而进行历练的场所，也是劳动力市场的供给方。在对高校学生的培养过程中，通过职业指导能够训练学生与人交往的能力，帮助他们掌握求职礼仪、笔试和面试的技巧等，使他们能在就业竞争中脱颖而出。求职择业实质上已经不同于传统意义上的谋生手段，采取正确的方法和掌握一定的技巧是择业成功的重要因素。当前现实的情况是，对于自身能力的培养，高校学生往往很重视，但是，却忽视了求职中一些基本方法和技巧的掌握，即使有能力也不能很好地展现自己，不能把自己推销出去，得不到用人单位的青睐。这是因为，大部分高校毕业生并没有工作经验，缺乏对职业宏观和微观的认识。由于没有系统的职业指导，即使通过实习和兼职，有的高校学生因为缺乏系统实用的理论知识，以致不能很好地适应职场生活而丧失信心，影响就业。职业指导包含着具有较强的实用性的自我推荐指导、面试技巧指导和求职礼仪指导等求职技巧和方法方面的培训，可以通过学习和训练帮助高校学生掌握就业手段、就业方法。高校学生根据自身各方面能力等实际情况，分析自己的优势与劣势，采用适合自己的切实可行的求职方法，增强自信，通过求职技巧展现自身的职业能力和核心竞争力，从而实实在在地实现自己的职业目标。但职业指导所培养的并非做一份具体工作所需的具体技能，而是培养宏观上的职业规划、就业政策、求职技巧、创业能力和微观上的人际交往能力、求职礼仪、撰写简历、笔试面试技巧以及如何扬长避短、发挥自身优势等。因此，求职技巧和建立在其上的职业能力的传授与习得，并不是一劳永逸的，而是需要建立系统的职业指导体系来完成的。通过建立职业指导工作体系，有经验的职业指导人员能够系统传授给高校学生关于职业规划、求职、职场、创业等相关知识，提前培养学生的职业技能，提高他们的职业能力。熟悉职业对人才的具体要求，才能在高校学生就业前，提高他们的工作能力，在就业后可以更好地适应职业环境，提高成功率。

再次，职业指导能帮助高校学生提升个人综合素质，提高就业质量。高校毕业生就业人数的激增一定程度上也影响了就业的质量，所以用人单位在挑选人才时也越来越看重毕业生的综合素质。就业竞争在一定意义上讲是学生综合素质的竞争，既包括思想道德方面的竞争，也包括学生能力培养方面的竞争。高校学生如何有效地提升自己的综合素质，很重要的环节就是要通过职业指导。高校的职业指导，旨在帮助高校毕业生学习和了解职业的基础知识，掌握国家相关法律法规，正确地认识职业，认识自我，客观地对自己进行评估，从而使自己注重个人素质和能力的不断提高，确立正确的就业观，提高自己的思想觉悟，全面提高自我，使就业质量得到提高。因此，高校学生的职业指导，本质就是一种围绕职业目标而进行的目标管理。目标确立后，高校学生置身于一种有目的有计划有行动的有序发展之中。这一发展过程就是自身综合素质提升的过程，即围绕着预期的职业发展目标，激发高校学生的特长和潜能，树立正确的职业理想，培养开拓进取的精神和高尚的职业道德。此时的高校学生会有意识地搜集某一职业所需要的入职资格，专业技能等相关信息，并通过自身的学习与实践领会掌握；在学习和实践的过程中，高校学生也会对自己所要从事职业价值层面的问题进行思考，注意力也开始由单一的能力层面问题思考，转向能力和精神层面并重，从而有效地引导高校学生拓展素质，提高高校学生的人际交往能力、团队协作能力和创新实践能力，促使高校学生由一个学生向职业人转变，从而全面提高高校学生的综合素质，使自己在日后的就业竞争中占据一定的优势。

最后，职业指导可以提高高校学生的职业适应能力，应对求职应聘过程中遇到的困惑。从高校学生转变为职业人是人一生中重大而不可避免的角色转换，高校学生从学校走入职场面临的是学习与工作的不同、学校与职场的差异。高校毕业生社会经验不足，对时代缺乏深刻的了解和认识，对自己究竟适合什么工作缺乏客观科学的分析和判断，在众多的职业岗位发展道路面前眼花缭乱，无所适从，见异思迁。面对职业生涯，应该怎样分析主客观条件，怎样看待不同工作岗位的利弊得失，在竞争日益加剧的环境下如何把握机会，这些已经成为大多数高校毕业生不得不思考的焦点问题。职业指导可以帮助他们加强自我理解与分析，客观地认识自己，形成强大的职业适应能力从而应对就业过程中的困难，保持冷静的态度和理性的思维进行职业抉择。

第三，职业指导有助于就业政策、法律和就业信息的有效发布，切实推进高校学生就业。

一方面，为了促进高校学生更好地就业创业，我国先后出台了大量的政策法规保护和扶持学生就业创业。没有职业指导，这些政策法规很难普及，每一名高校学生也就享受不到政策的优惠。职业指导帮助高校学生了解相关政策和法规，提高高校学生的法律意识。在毕业生的择业过程中，由于有的毕业生不完全了解就业的有关政策和相关劳动法律的规定，在择业就业过程中，不能很好维护自己的利益。在职业指导过程中，高校职业指导会将国家的相关就业政策、就业协议、毕业生就业权益及保护、劳动合同法等知识做相应的介绍和分析，从而使广大毕业生增强法律意识，在择业和就业过程中能更好地维护自己的合法权益。因此，职业指导有助于高校学生了解国家和有关部门、省、市制定的行业性和区域性就业政策，有助于高校学生学习和掌握相关政策法规，在就业择业过程中依法维护自身的权益，还能够引导他们根据国家需要并结合个人实际有针对性地选择职业发展方向。

另一方面，职业指导能帮助高校学生获取就业信息，增加高校学生的就业信息来源。就业信息是高校学生求职择业的基础，只有为高校学生提供正确的就业信息，才能使高校学生人尽其才，使用人单位才尽其用，实现人才与岗位的最佳配置。网络社会，高校学生获取信息的渠道很多，但是高校学生大都利用手机和网络来聊天、看电影，打发课余时间，而对于手机和网络上就业方面的信息关注度不够。在高校学生需要就业信息的时候，就会在网络上搜寻，而对于信息的安全性、正确性没有把握，所以，历届都有一些应届毕业生就业受骗的事件发生。高等学校有效开展职业指导，一方面可以通过向各类企事业单位收集人才需求情况和招聘条件，为高校学生提供就业信息；另一方面，可让高校学生了解社会的需求变化和发展趋势，使高校学生对用人市场有比较客观的认识，并指导高校学生运用多种途径获得大量的需求信息，根据自己的实际情况，对信息有针对性地加以筛选和整理，然后进行就业选择。因此，通过职业指导，高校能将有效的就业信息发布给高校学生，确保提供的就业信息的安全性和正确性，有效增加高校学生的就业信息来源。

3. 职业指导有利于实现就业工作的服务性

高校学生职业指导工作内涵丰富，可引导高校学生树立正确的职业理想和职业观念，帮助他们了解和认识社会职业，分析和把握自身特质，处理好学业、就业、职业和事业的关系，做出良好的职业生涯设计。由此可以看出，职业指导工作直接关系到高校学生的切身利益。同时，职业指导也关系到社会和高等教育的稳定和发展，对于确保就业工作的性质和方向有重要意义。而其中一个重点就是服务，就业工作的核心职能就是服务学生，在服务中达到教育的目的。职业指导既服务于学生，又服务于社会及用人单位。只有职业指导具有较强的针对性，全面了解高校学生，并且不断教育高校学生认识和了解自己，使高校学生正确地认识自己，实现职业发展规划与自己的能力相适应，才能顺利而具体地完成指导工作。因此，职业指导与高校学生就业服务联系紧密，保障就业工作的顺利开展，就需要职业指导充分发挥服务和育人功能，帮助高校就业工作建立服务意识、提升服务质量、创造服务成果、优化服务队伍。一方面，职业指导可以帮助高校学生了解不同职业角色的具体要求，了解自我的特点，从而确定个人职业理想，领悟社会对职业角色期待，懂得自己应该承担的社会责任和义务。职业指导可以帮助高校学生树立正确的世界观、人生观和职业观，明确自己的努力方向，并从各个方面来锻炼自己，提高自己的综合素质和就业竞争力，从而更好地实现满意就业，提升就业工作的服务质量。另一方面，职业指导是一门科学，有明确的工作原则、工作方法和工作技术。对于高校毕业生就业工作，应用这些原则方法和技术有助于建立主动而科学的工作意识。通过主动收集分析高校学生深层次的职业需求和开展职业生涯设计活动，促进高校学生的职业发展，增强了高校学生就业工作的服务效果。

4. 职业指导有利于促进国家和地方人力资源与社会保障制度的贯彻和落实，协调就业人才市场矛盾，实现用人单位和高校学生的人职匹配

一方面，在帮助高校学生了解国家出台的相关就业政策和指导性意见、了解劳动关系与权益保护政策、了解职业培训和职业资格证书制度等信息的同时，高校也帮助政府将服务和保障职能落实到位。另一方面，当前就业市场的现状是在高校学生求职难的同时，企业求贤也难。高校的人才供给和企业需求出现了结构性错位。职业指导科学地把社会需求和个人发展两个市场有机地联系在一起而进行调适，合理搭建求职平台，消除信息的不对称，使得供求信息能够有效对接，充分体现了中介作用。作为架在高校学生与用人单位之间的桥梁，职业指导通过多种渠道收集用人单位的需求信息，帮助高校学生了解和掌握用人单位对人才素质的要求，对高校学生进行针对性强的就业技巧指导，提高毕业生的就业竞争力；同时，调研用人单位对人才素质的要求，和用人单位保持良好的联系，追踪已毕业高校学生在工作岗位上的表现和职业适应情况，将这些信息及时反馈给高校的教学主管部门和教学实施单位，推动高校真正根据社会变化和现实需求，调整自身定位，改革人才培养目标和模式，有的放矢地对高校学生进行教育和培养，不仅最大程度促进高校学生的成长和成才，保证高校的良性发展，同时提高人才培养质量，有效地促进高校学生就业，而且促进了高校学生与用人单位的人职匹配，实现高校学生劳动力供需合理匹配，为用人单位发展提供了有针对性的优势资源。

（二）职业指导在促进高校学生就业工作中的重要性

职业指导在促进高校学生就业工作中的作用，充分体现了职业指导在促进高校学生就业工作中的重要性。

1. 职业指导是推进我国高校人才发展战略的必然选择

高校职业指导的系统性、前瞻性、主体的发展性，决定了其本身的发展

性、系统化、全程化、多元化、个性化、科学化、规范化等特征，并能够与高校学生个性特征相结合、与专业教育相结合。因此，高校职业指导可以帮助高校学生根据其个性特点培养正确的职业观念和择业观念，了解必要的职业知识和技能，提高其自身的职业选择和决策能力等综合素质，进而提升其就业竞争力和就业效率；同时，可以在知识文化教育相同的背景下根据个人特点因材施教，使其加以分层、个性化、突出特点，找出每个人适合的岗位和职业，进而使存在差异的高校学生能够实现人尽其才、才尽其用，满足社会对多样化人才的需求，增加就业满意度；另外，还可以帮助高校学生克服困难，是促使他们心智成长的良好途径，增加其就业稳定性，避免因冲动的跳槽、离职增加摩擦失业和人力资源浪费，成为衔接社会和学校的一个窗口和纽带，对于增强其职业定向、职业选择和职业决策能力价值重大。而职业指导本身的上述价值，决定了职业指导是推进我国高校人才发展战略的必然选择。

首先，我国在新世纪建设人力资源强国，必须要合理配置人力资源，使高校毕业生充分就业，这给高校就业工作提出了新的要求。以市场为导向，高校学生和用人单位双向选择的就业机制本无问题，但高校学生对于自我、对于职业的认知还不清晰，用人单位的用人标准也在变化，必须借鉴职业指导来指引高校毕业生就业工作，使就业工作更加专业化，具有人才发展的战略性与针对性。其次，高等教育的任务是培养具有创新精神和实践能力的高级专门人才，这就需要全面适应经济建设和社会发展对各类人才的需求，提高人才培养的针对性。就业工作处在高等教育与经济建设链接的中间环节。用人单位对人才的需求，以及人才质量的优劣都必将从就业工作中反馈出来。做好高校学生的职业指导，高校可以对高校学生就业相关信息进行采集反馈研究，并提出相应的解决方案，从而调整人才培养战略，推动高校自身健康发展。最后，高校学生具备了一定的专业知识和技能，使自我意识和自身期望普遍增高，但置身于劳动力市场中，心理预期与现实情况发生错位，导致出现一系列矛盾冲突。自卑、自负、焦虑、从众等心理问题困扰着高校毕业生，他们期望这些问题能在就业工作中得到解决，这使得高校毕业生就业工作必须增加新的功能，形成新的应对策略。而职业指导则弥补了这一空缺，使学生能够平稳度过就业阶段，步入新的工作岗位，在就业工作的新任务面前具有人力资源方面的战略意义。

2. 职业指导是落实高校就业工作的必要手段

职业指导的重要性和紧迫性，很大程度上表现为其本身是当前社会条件下完成就业工作任务所必须要选择的方法。首先，职业指导能够有效应对当前的就业形势。一方面，随着我国高校的扩招，每年高校毕业生人数在迅速增加，导致社会提供的专业岗位未能及时地跟上这一节奏，使得近年来未及时就业的高校毕业生人数不断增加。同时，尽管有一部分毕业生已走上工作岗位，但尚未在岗位上稳定下来，很多高校学生都是在未能正确评估自己与当前岗位的情况下就业的，就业满意度较低，频繁跳槽。为了缓解这种不利局面，让毕业生对自己的职业兴趣、方向等有明确的认识，以便在职业选择前给自己定好位，就必须重视职业指导。另一方面，随着国际金融危机的影响和国内经济科技的飞速发展，以及岗位竞争的增强和职业要求的提升，需要大批具有较高专业技能、职业素质过硬、具备一定职业发展能力的高技能人才成为社会生产的主力军。而在这一方面，职业指导承担着不可替代的引导作用。

其次，职业指导能够科学打造高质量的就业工作主体。高质量的就业工作不仅有助于解决高校学生和用人单位的当前困境，而且有利于高校学生和用人单位长期的健康发展，而作为就业工作的主体，只有高素质的就业工作人员才能更好地开展就业工作。因此，就业人员职业素养的高低关系到就业工作的兴盛与衰落。目前，我国高校就业工作的规范和体系还不够健全，就业人员作为就业工作的主体，职业素养亟待提升，而职业指导可以大力提升就业人员的职业素养，提升我国高校就业工作主体的理论水平和创新能力，打造高质量的就业工作主体。

再次，职业指导能够合理建构就业工作的内容。当前的就业形式，要求高校总结就业工作经验，建立长效机制，推动高校在专业学科设置和人才培养上更加适应经济社会发展的需要，把高校学生就业创业工作提到一个新水平，加强创新创业教育和就业指导服务，加快就业指导服务机构建设，这就需要高校就业工作将高校学生的职业发展与生涯指导体系作为其重要内容，而职业指导可以完成这一现实需要。通过职业指导，可以将高等教育理念、教育原则转化为具体教育实践，合理建构就业工作的内容。因此，职业指导是落实高校就业工作的必要手段。

3. 职业指导是帮助高校学生创造未来的可行路径

职业指导让高校学生掌握必备的职业技能，培养正确的职业道德，通过科学的人才评测方法，明确学生自身个人特点和适合的职业道路，最终明确他们的职业目标，使每个高校学生都能找到确实适合自己的职业路径；并且，职业指导人员本身对社会就业形势、企业单位需求情况变化有科学的研究和深刻的了解，因此能够充当高校学生和企业单位之间的桥梁，充分调动起高校学生的就业积极性和创造性，促进双方更为顺畅的交流沟通，使企业的招聘成功率获得提升，能够用更少的招聘资源得到更多的合适人才；另外，职业指导使学校可以了解社会对人力资源的需要，按照社会需要及时调整自己的办学理念，调整专业设置和学科建设，促进高等教育内部的改革，培养社会需要的专业人才，从而最终提高学校的整体学术实力，办学方式和办学能力也得到了发展，由此形成良性循环，促使就业和办学相互促进，相互增长；此外，职业指导作为促进高校毕业生就业的一个直接措施，对于社会而言，能够提高就业率，促进社会整体创新性的提高，减少不稳定因素，促进和谐社会的发展。

由此可以看出，职业指导的实践不仅证明了其本身在高校学生塑造未来务实的职业道路上作用明显，而且是高校学生人生发展所在环境中各个群体的共同诉求，符合社会各领域的利益，得到了社会各界的支持。因此，职业指导是帮助高校学生创造未来的可行路径。通过职业指导，可以使高校学生了解就业信息和用人单位的需要及要求，明确自身能力与社会需要的差距，引导他们在校期间合理地规划高校学习与生活，调整状态、找准定位，提高自身的就业技能与实践能力，以满足社会的需要，形成合理的职业目标与职业规划，不断前行，实现梦想，创造未来。

四、结语

"在家庭和社会高期望率的背景下,高层次人才的就业问题更关乎着社会的稳定和进步",促进研究生特别是女研究生就业,意义重大,其就业工作的提升是一项系统工程,需要社会各界共同促进。面对这一课题,强调职业指导在学生就业工作中一贯的价值,可以发挥职业指导在促进女研究生就业工作中的作用和重要性,进而总结对策,解决问题。因此,职业指导为高校培养出全面发展的有用人才,对女研究生个人乃至全社会的发展具有重要价值。伴随着高等教育的发展,职业指导在高校学生就业工作中的作用和重要性不断务实而有效地存在并展现着,具有深远的意义,引导高校学生就业工作向着积极的方向持续发展。

参考文献

[1] 劳动和社会保障部就业司,等.创新职业指导——新理念[M].北京:中国劳动和社会保障出版社,2005.

[2] 安东尼·吉登斯.社会学方法的新规则[M].田佑中,等,译.北京:社会科学文献出版社,2003:103.

[3] 杨钋,史祎美.硕士生求职就业中的性别差异研究[J].教育发展研究,2013(3):66.

[4] 埃米尔·涂尔干.社会分工论[M].渠东,译.北京:三联书店,2000:323.

[5] 李晓玉.研究生就业问题探析[J].辽宁行政学院学报,2013(2):172.